吉《よし》野《の》ヶ《が》里《り》遺跡《いせき》（復元《ふくげん》された堀《ほり》と柵《さく》）

弥生時代前期から後期にかけての環濠集落で、発掘調査の成果に基づいて復元されている。（17 ページ参照）

御《ご》所《しょ》ヶ《が》谷《たに》神籠《こうご》石《いし》

福岡県行橋市に所在し、門跡・水門跡・列石がよく残り、国指定史跡となっている。（19 ページ参照）

志波《しわ》（紫波）城

盛岡市中太田・下太田に所在。国史跡として外郭南門・築地塀などが復元されている。（24 ページ参照）

大内氏館《おおうちしやかた》（復元された庭園）

周防・長門の守護大内氏によって築かれた守護館。発掘調査に基づき整備が進められている。（47 ページ参照）

諏訪原城《すわはら》三日月堀《みかづきぼり》

静岡県島田市に所在。武田氏の城に徳川家康が手を加え、三日月堀がよく残っている。(84ページ参照)

山中城《やまなか》障子堀《しょうじぼり》

戦国大名北条氏が豊臣秀吉の小田原攻めを防ぐため手を加えた障子堀がよく残っている。(84ページ参照)

名胡桃城《なぐるみ》土橋《どばし》

群馬県利根郡みなかみ町に所在。本曲輪と二の曲輪を結ぶ掘り残しの土橋がよく残る。（79 ページ参照）

竹田城《たけだ》石垣《いしがき》

兵庫県朝来《あさご》市に所在し、本丸・二の丸・三の丸などの石垣がみごと。「天空の城」として人気が高い。（120 ページ参照）

福知山《ふくちやま》城石垣《いしがき》（転用石《てんようせき》）

明智光秀が築いた城で、天守台の石垣には五輪塔や宝篋印塔《ほうきょういんとう》の台座石などが転用されている。（95 ページ参照）

備中高松城《びっちゅうたかまつ》

岡山市に所在し、羽柴秀吉の水攻めで有名。低湿地に築かれた水城の雰囲気がよく残る。（73 ページ参照）

上田城本丸《うえだじょうほんまる》（隅欠《すみか》け）

本丸の北東、すなわち艮《うしとら》の方角を一部へこませており、鬼門除けとして設計されたもの。(92ページ参照)

金沢城石垣《かなざわじょういしがき》

金沢城は石垣の博物館などといわれる。写真右側は切込ハギ、左側は打込ハギである。(123ページ参照)

中城城《なかぐすく》石垣《いしがき》

沖縄県中頭郡中城村に所在。琉球石灰岩で築かれた石垣は独特なカーブとアーチ型の門が特徴。(146 ページ参照)

姫路《ひめじ》城天守《てんしゅ》

乾小天守・西小天守・東小天守・大天守が渡櫓《わたりやぐら》で結ばれる連立式天守として有名である。(160 ページ参照)

松江城天守《まつえじょうてんしゅ》

秀吉好みの「黒い城」の一つ。天守に付櫓《つけやぐら》が付属する複合式天守の典型例となっている。（160 ページ参照）

松本城天守《まつもとじょうてんしゅ》

写真左から乾小天守、渡櫓、大天守、辰巳《たつみ》附櫓、月見櫓とからなる連結式と複合式である。（161 ページ参照）

人生を豊かにしたい人のための日本の城

小和田哲男

マイナビ新書

◆本書の内容は 2021 年 4 月末現在のものです。
◆文中敬称略。
◆口絵写真はすべて小和田哲男撮映。

はじめに

少し前まで、城といえば、天守や櫓《やぐら》、門などがある江戸時代の城を指していた。ところが最近は、そうした建造物のない、石垣だけ、さらには石垣すらない「土の城」を訪ねる人がふえてきた。その背景には、現在私が理事長を務めている公益財団法人日本城郭協会が「日本100名城」と「続日本100名城」を選定し、その中に、近世の城だけでなく、古代の城や中世の城がたくさん入っており、江戸時代以前の城に人びとの関心が集中したこともあるのではないかと考えている。

また、さらに最近では、寺社の「御朱印」と同じく、「御城印」が発行され、人気となっている。「日本100名城」「続日本100名城」のスタンプラリーとともに、この「御城印」も昨今の城ブームに一役買っているようである。

城めぐりの楽しさは、未知との遭遇と、歴史の追体験にあると私は考えている。

私自身も城址《じょうし》を訪ねるたびに新たな発見をしているし、何より、城址を歩くことは、歴史の現場を実際に歩くことになるわけで、「この道を織田信長も歩いたのか」と感動したり、「この景色を明智光秀も見たのかもしれない」と、戦国武将を身近に感ずることができる。これは、博物館などで、ガラスケース越しに見る甲冑や古文書などから得る感動とは別格である。

そしてもう一つ指摘したいのは、**城歩きが体力維持という健康面と、知的好奇心を満足させる**という二つのメリットがある点である。ただ歩くだけではない。頭を使いながら歩くことで一石二鳥ではないかと考えている。城めぐり、城歩きは生涯の趣味になるといってもよいのではなかろうか。

その場合、**城の歴史を知って歩くのと、全く知らないで歩くのでは大ちがい**である。本書で、基本的な城の概略をつかんでいただき、さらに、訪ねようとする城の歴史を下調べし、できればその城の縄張図などをもって歩くと成果はさらに大きくなること請け合いである。

人生を豊かにしたい人のための日本の城

目次

第2章　鎌倉・南北朝・室町期の城

第3章　戦国時代の城

第4章　織豊期の城

第5章　江戸時代の城

第1章

城の起源と古代の城柵

「城」のはじまり

城のはじまりは、堀を掘ったときに出る土を盛った土塁だと考えられている。「城」という字は、「土」偏に「成」と書く。つまり「土でつくられた」という意味である。「成」は「盛」に通ずるため、「土を盛ったもの」という意味でもある。

平地において、自分の身と住居を外敵から守ろうと考えたときに、先人たちは地面を掘って堀をつくった。堀をつくると掘った分の土が残るが、これを一ヵ所に集めれば外敵の侵入を阻む土塁ができるのだ。

また、堀を掘った土で窪地などを埋めて平坦地を作るということも行われていた。堀と土塁に囲まれた曲輪《くるわ》とよばれている領域は、このようにして土を削平したり盛ったりして生まれたものだ。

堀、土塁、曲輪は「中世城郭の三要素」といわれているが、城という字にはそ

中世城郭の三要素（堀、土塁、曲輪）

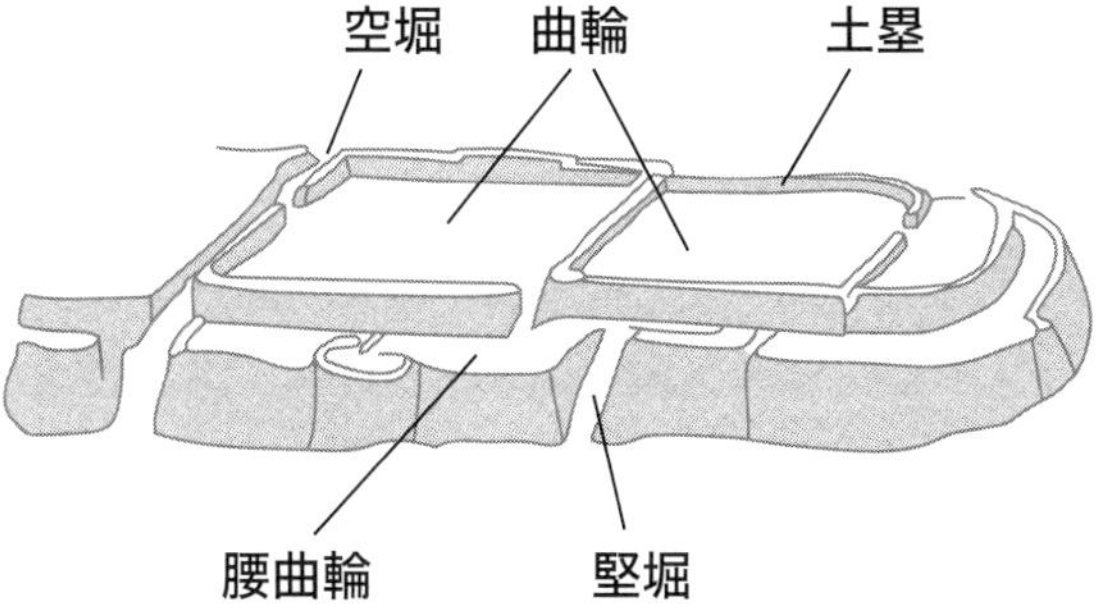

出典：小和田哲男編『図録中世文書の基礎知識』（柏書房）

れら三要素の本質がしっかり含まれているのだ。

なお、「城」の字の成り立ちについて、甲骨文字で城壁と望楼《ぼうろう》（物見）を意味するという説もあるということを付け加えておく。

ところで、「城」の字の成り立ちとともに説明しておきたいのが「城」の字の読み方である。上に城名がつくと、ふつうは姫路城・松本城のように「じょう」と読むが、一字では「しろ」と読むのが一般的である。

ただし、「城山」といった場合、「しろ

やま」と読むところもあれば、「じょうやま」と読ませるところもあり、一様ではない。また、茨城県や稲城市といったように「き」や「ぎ」と読ませるところもある。つまり、「き」「しろ」「じょう」とさまざまな読み方をするのが「城」である。

実は、古代において、「柵」という字も「き」と読ませていた。土を掘っただけでなく、堀の住居側に柵を築いて守りとしたもので、「城柵」といったいい方をしている。

それでは、この「き」という読み方はどこからきているのだろうか。そこで注目したいのが「関《せき》」「牧《まき》」「堰《せき》」「垣《かき》」といった字である。これらの字はどれも、内と外を区切るという意味を持っている。つまり「き」という読みは「内と外を区切る」という意味からきていると考えられ、土を盛ったり、柵をめぐらせたりして外敵の侵入を阻む「城」や「柵」は、まさに「き」そのものといえるのである。

弥生時代の高地性集落と環濠集落

極端ないい方をすれば、城は人類の歴史とともにあったということができる。縄文時代、たとえば猛獣などから身を守るために、横穴住居の入口に木や石を置き、穴をふさいだりしたことは、住居、ひいては自分たちの身を守るという点で、城の萌芽的な考え方がみられる。

そのような猛獣から身を守るということは、部族同士の争いといった事態には当然のことながら、他部族の攻撃から身を守るということになった。こうした自己防衛の観念が城構築につながっていったのである。

少し前までの城の概説書などでは、城のはじまりを、あとで述べる神籠石《こうごいし》や東北の城柵としていた。ところが、弥生時代の集落の発掘調査が進むにしたがって、現在では、城の原初形態を弥生時代の集落に求める考え方に変わってきている。

その代表例が高地性集落である。高地性集落というのは、丘陵の先端や山の上に作られた集落を指し、ただ高所にある集落というだけでなく、舌状台地《ぜつじょうだいち》（舌のように平地側に突き出した地形）なら台地に続く部分、山なら峰続きの部分を掘り切ることで集落を独立させ、防御性を高めているのが特徴である。

たとえば大阪府の観音寺山遺跡では、高地性集落に一七三棟もの建物跡が確認されており、山口県の吹越原《ふきこしばら》遺跡でも一〇棟の建物跡が確認されている。

かつては弥生中期に高地性集落が出現したとされてきたが、最近では瀬戸内地方や近畿方面で弥生前期の高地性集落が発見され、さらに早い時期から作られていたことがわかっている。

また、高地性集落は高地であることから、堀は空堀であるが、土塁をともなうものもあり、その形態が中世の「掻《か》き上げ城」、すなわち平地を削って堀とし、掘り上げた土を盛って土塁としたものに似ていることも押さえておきたい点である。

この高地性集落が平地に移動したものが環濠《かんごう》集落である。堀を掘っただけでなく、柵列で防御する例もあり、その形状は完全に城である。環濠集落は、卑弥呼がいたとされる二世紀ごろに築かれたものがいくつもみつかっており、その一つである神奈川県の大塚遺跡は、全長約六五〇メートルの環濠がおよそ九〇棟の住居全体を囲む形になっている。環濠の幅は上幅が約四メートル、底幅が約二メートルとなっており、この点は、他の環濠集落、たとえば福岡県の比恵《ひえ》遺跡ともほぼ一致していて、一般的な形とみていいのではなかろうか。

環濠集落の大規模なものとして知られるのが、佐賀県の吉野ヶ里遺跡（口絵1ページ参照）である。吉野ヶ里遺跡は弥生時代の竪穴住居址約三五〇戸がみつかっており、集落を囲む形で深さ三〜四メートル、幅六〜八メートルの堀があり、堀は内堀と外堀の二重で、しかも、内堀の東と西に、それぞれ外に張り出すような形で物見櫓の柱穴も発見されている。それが『魏志倭人伝』のいう楼観に該当するのではないかとする見解も出され、邪馬台国の〝クニ〟の一つではないかともいわれているのである。

古墳時代の豪族居館

各地で古代遺跡の発掘調査が進むにしたがって、城の歴史も書き換えられつつある。その一つが古墳時代の豪族居館《ごうぞくきょかん》である。従来、このことについてはあまりふれられてこなかった。

古墳が登場する三世紀末から、それが衰退していく七世紀までを古墳時代とよび、それまでの弥生時代とは区別して考えているが、その期間、環濠集落のような防御的な集落が次第になくなり、一般的な集落景観へと変わっていく。それとともに、今度は、それぞれの地域を代表する豪族が登場し、巨大古墳を営みはじめる。そして、豪族たちは古墳だけでなく、自分たちが居住する屋敷を構築するようになる。

こうした豪族居館と考えられる遺跡は、関東地方から九州まで広範囲でみつかっており、その一つ、群馬県の三ツ寺遺跡は発掘調査の結果、くわしいことが明らかになっている。

この三ツ寺遺跡は残念ながら何という豪族の居館かということはわかっていないが、古墳時代の中ごろ、すなわち五世紀ころの居館で、一辺が約八六メートルの方形で、周囲を水堀が囲んでいた。深さ三～四メートルで、堀幅は何と三〇～四〇メートルというのだから驚きである。

その敷地内には、南北に分ける柵列もあり、ちょうど二つの曲輪から成っている形で、南側の曲輪に居館と祭祀施設、北側の曲輪に竪穴住居が建ち並ぶ作りとなっていた。こうした古墳時代の豪族居館が、その後の平安～鎌倉期の武士の居館のルーツとなったものと思われる。

神籠石と朝鮮式山城の関係

古墳時代と重なる四世紀から六世紀ぐらいのころには、神籠石《こうごいし》（口絵1ページ参照）とよばれる山城が築かれる。多くは九州地方にあり、中国地方にも一部分布する。福岡県久留米市の神籠石とよばれていた列石が同種のものの名称として定着し、神護石、香合石などとも書かれるほか、皮籠石という字があてられることもある。

いま、私はこの神籠石を城であると断定した書き方をしたが、明治以来、神籠石が果たして城であるのか、そうでないのか、長い論争の歴史があったのである。いわゆる「神籠石論争」で、山城とする説のほか、霊域説、仏寺廃寺説、採水用堰堤説などがとなえられ、容易に決着しなかった。

ところが、戦後になって、各地で神籠石の発掘調査が進んだ結果、たとえば佐賀県の帯隈山《おぶくまやま》神籠石から、列石の前面に柵列の柱があったことが明らかになるなど、朝鮮式山城（22ページ参照）との類似性が指摘され、現在では古代山城として理解されているのである。

そのため、神籠石は神籠石式山城と表現されることもある。この帯隈山の神籠石のほか、名称のもとになった久留米市の高良山《こうらさん》、それ以外に福岡県では女山《ぞやま》・雷山《らいざん》、佐賀県では、おつぼ山の神籠石が有名である。

ただ、『日本書紀』などの文献には神籠石のことが全く書かれておらず、発掘調査をしても、いつ、誰によって築かれたかはわかっていない。現在、有力とされているのは、地方の〝クニ〟の王や豪族が、大和朝廷に抵抗すべく築いたとする説である。そして神籠石は大和朝廷に征服され、七世紀に再利用されたというわけである。

この説の根拠となるのは、神籠石と朝鮮式山城の分布状況である。朝鮮式山城は、天智天皇の時代に唐・新羅の侵攻に備えて築かれたもので、神籠石と朝鮮式山城の場所を地図上に描いてみると、両者が補いあって防御ラインを築いていることがわかる。大和朝廷は百済の兵法者に朝鮮式山城を築かせたが、もともと神籠石があったところはそのまま城として再利用したのだろう。

律令制下の城―西域防備の城

　この点をもう少し掘り下げておこう。朝鮮式山城という名前の由来は、この時期に朝鮮から渡来した人びとによって築かれたものだからである。

　天智天皇二年（六六三）に唐・新羅連合軍と日本・百済連合軍は白村江で戦い、日本・百済連合軍が大敗した。そして大和朝廷は、いつまた唐や新羅が侵攻してくるかわからないという切迫した状況に陥った。

　そこで、大宰府《だざいふ》を中心とする北九州の防衛を強化するため、百済から日本に亡命してきた兵法者を用いて、朝鮮式山城が急ピッチで築かれることとなった。福岡県の大野城や基肄城《きいのき》がそれである。

　大野城には一五キロメートルにわたる土塁が残り、基肄城にも総延長五キロメートルにわたる土塁が残っている。どちらの城も水門や城門の重要な場所は土塁よりも強固な石塁になっていて、大和朝廷の危機意識の強さがうかがえる。

西域防備の城

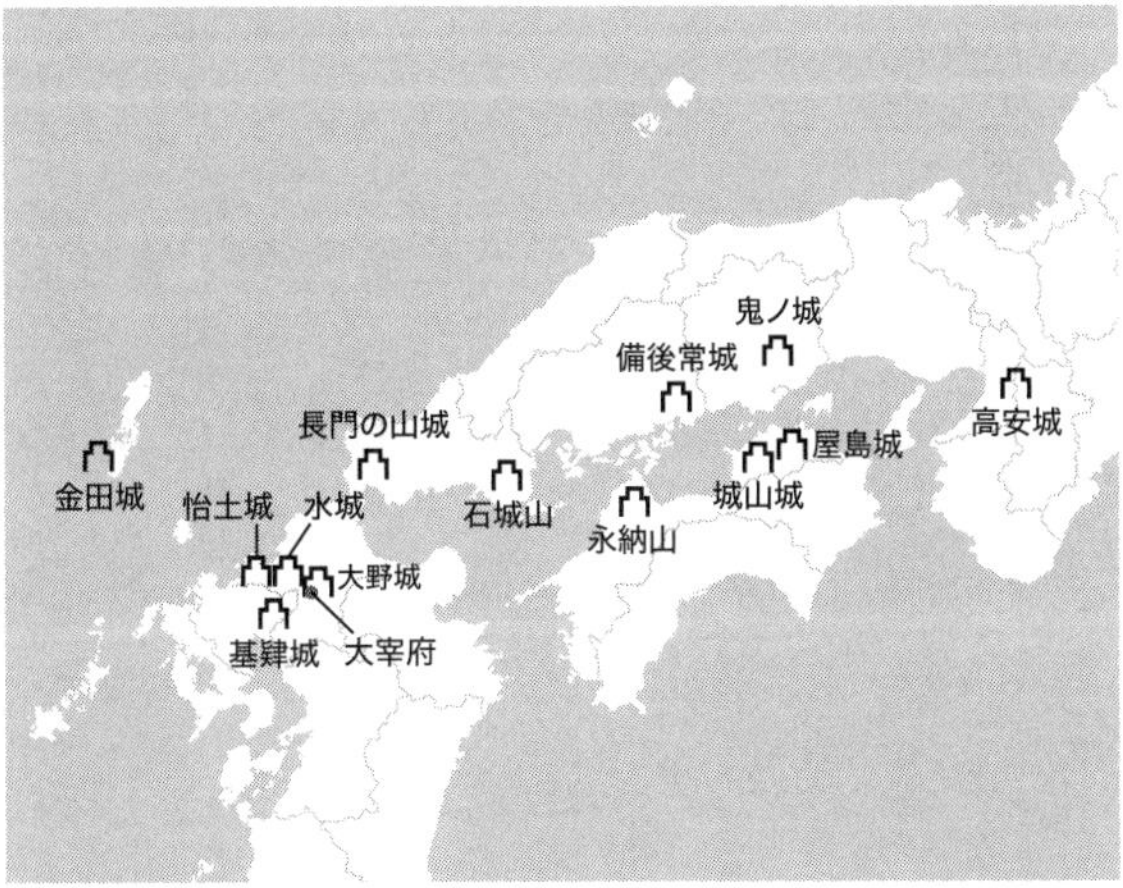

大宰府防衛という観点でもう一つ注目されるのが水城《みずき》である。『日本書紀』に「天智天皇三年（六六四）に、筑紫《ちくし》に大堤を築き、水を貯えて水城と名づけた」と書かれており、実際、高さ一四メートルほどの土塁が残っている。さらに、昭和五十年（一九七五）の発掘調査では、築堤の外側に幅約六〇メートル、深さ約九メートルの堀跡が見つかった。

なお、西域防備の城は北九州だけではなかった。長崎県対馬の金田城や香川県の屋島城、大阪府から奈良県にかけての高安城などの存在が知られている。

律令制下の城―東北の城柵

大和朝廷が律令国家としての体裁を整えていく過程で、西南防衛のための築城と同様に注力したのが、蝦夷の征討と東北地方の城柵（口絵2ページ参照）の築造だった。これらに本腰を入れるのは八世紀になってからであるが、『日本書紀』大化三年（六四七）の条には、「渟足柵《ぬたりのき》を作って柵戸《きのへ》を置く」とあり、大化改新直後から東北経営をにらんで動いていたことがわかる。

ちなみに、六国史《りっこくし》に出てくる城柵名を列挙すると、都岐沙羅柵《つきさら》、出羽柵、秋田城、多賀城、玉造柵、色麻柵《しかま》、新田柵《にいだ》、牡鹿柵、桃生城《ものう》、雄勝城《おかち》、伊治城、覚鱉城《かくべつ》、由理柵、胆沢城《いさわ》、志波城、中山柵、徳丹城《とくたん》などである。これらは、それぞれ蝦夷征討のための軍事拠点として設けられ、鎮圧後は東北開拓の中心拠点としての役割を果たしたのである。

これら東北地方の城柵は、渟足柵のあと、翌年に磐舟《いわふね》柵が築かれ、ついで八世紀に入って、神亀元年（七二四）に多賀城が築かれ、そこが太平洋側の拠点となり、日本海側では、天平五年（七三三）に築かれた秋田城が拠点となったことからも明らかなように、次第に北方へのびていった。

大和朝廷による東北経営で力を発揮したのが坂上田村麻呂である。彼は延暦十六年（七九七）征夷大将軍に任命され、同二十年（八〇一）には四万の軍勢を率いて陸奥に赴き、各地の蝦夷を攻め、ついにその本拠、胆沢の地を攻略することに成功している。翌年、再び出兵した田村麻呂は、胆沢城を築き、鎮守府をそれまでの多賀城から胆沢城に移しているのである。

さらにその翌年には、胆沢城より北に志波城を築き、志波城が洪水にあうことから、新たに徳丹城を築いている。徳丹城の完成は弘仁四年（八一三）のことなので、多賀城から徳丹城まで進むのに九〇年近い歳月を要したことがわかる。律

東北の主要な城柵

秋田城
徳丹城
由理柵
志波城
払田柵
胆沢城
城輪柵
出羽柵
伊治城
色麻柵
桃生柵
牡鹿柵
磐舟柵
多賀城
渟足柵

令国家としても蝦夷征討は難事業であった。

ところで、これら東北地方の城柵の規模についてふれておくと、多賀城の場合は、東西八八〇メートル、南北七〇〇メートルで、「方八町《ほうはっちょう》」(36ページ参照)に近い大きさとなっている。さらに秋田城になるとかなり大きく、東西一一五〇メートル、南北一一〇〇メートルとなっている。

なお、東北地方には「方八町」とよばれる地域があり、城柵があった可能性が指摘されている。また、秋田県の払田柵《ほったのさく》は、六国史以下の文献には出てこないものの、東西一四〇〇メートル、南北七四〇メートルの城柵だったことが、発掘調査の結果から明らかになっている。

都城制と羅城

北魏洛陽や唐の長安などの都城制にならい、わが国でも京域北端に皇城を置く形式がみられるようになった。孝徳天皇が大化元年（六四五）、それまでの飛鳥《あすか》を離れ、難波《なにわ》の長柄豊碕《ながらとよさき》に遷都し、都城を造営したのがわが国における都城制のはじまりとされている。

ところが、近年の発掘調査によってみるかぎり、長柄豊碕京での都城制についてははっきりしたことがわかっていない。むしろそのあとの藤原京（奈良県橿原市）とする説が有力である。この点をくわしくみておこう。

天武天皇元年（六七二）の壬申《じんしん》の乱に勝利した天武天皇が、中央集権化をめざし、新都造営に着手したが、天皇の崩御で中止され、その後、持統天皇が工事を再開し、持統天皇八年（六九四）、藤原京を完成させ、そこにははっきり都城制のプランが認められるのである。

具体的にみると、藤原京は、大和三山、すなわち耳成山《みみなしやま》・畝傍山《うねびやま》・天香久山《あまのかぐやま》に囲まれた約五キロメートル四方の京域を設け、南北を貫く中央に朱雀大路《すざくおおじ》を配し、南北の大路、これを坊とよび、東西の大路、これを条とよび、碁盤目状の左右対称の方形の都市としたものである。これを条坊制《じょうぼうせい》といっている。そして、さらに元明天皇のとき、平城京が営まれた。

平城京は、発掘調査の結果、現在では、東西四・三キロメートル、南北四・八キロメートルと推定されている。長安より規模は小さいとはいえ、左京・右京・外京よりなる街は空前のにぎわいをみせ、推定人口は二〇万人といわれている。

そのあとの平安京は、平城京と同じ律令制的規格による計画的都市であるが、規模と道幅の点でややちがいがみられる。平安京は東西約四・五キロメートル、南北約五・三キロメートルとなり、道幅は平城京が八丈に統一されていたのに対し、平安京は一〇丈・一二丈・一七丈といったように、道路の重要度に応じてちがいがみられるのである。

そして朱雀大路の南端には羅城門が建てられていた。いわばこれが都の正門であるが、朱雀大路の道幅は実に八四・八メートルもあった。羅城門の羅城とは何であろうか。

中国やベトナムにみられる都城は、東西南北にはしる道路で碁盤の目のように区画された条坊と、羅城によって成っていた。つまり羅城は都城制の構成要素というべきものである。わが国の都城においても、さきにみた長柄豊碕京にも、天武天皇八年（六七九）に羅城が築かれたという。

羅城とはその字の通り、羅《つらな》る城壁の意味で、都市全体を囲んだ城壁のことである。中国の都城で、高く厚い城壁によって市街全体を囲繞《いにょう》しているのが羅城である。中国やベトナム、朝鮮では、常に異民族との大規模な戦争がくりかえされ、そのために農民も城内に入れて城門を堅く閉ざして防御しなければならなかったので、羅城はどうしても必要だった。

ところが、わが国では他民族に攻められる心配はなかったので、高く厚い城壁は必要なく、羅城は発達しなかったのである。ただ、中国の都城制を真似たため、形ばかりとはいえ、羅城が存在し、羅城門も築かれたのである。

『大宝律令』に「京城垣」という語がみえるのは、藤原京にも羅城があったことを示すと考えられるが、「垣」の語が示すように、防御のための城壁というよりは、都とそれ以外の地域との境界としての役割しか果たさなかったのではないかと思われる。なお、平安京の羅城は、羅城門の左右に、築垣が東西に数百メートル築かれていただけで、『延喜式』によれば、六尺の塁壁と一丈の溝があったとされるが、その溝も全域を囲んだものかどうかは不明である。

用語解説○堀《ほり》の掘《ほ》り方

堀は水のない「空堀《からぼり》」と水のある「水堀」がある。中世城郭では「空堀」がふつうで、山の尾根を区切るように掘られた堀切と、山の斜面を縦に掘って敵の横への移動を阻止するための竪堀《たてぼり》などがあった。また、堀底に畝《うね》を掘り残した形の障子堀など、いろいろな堀があった。

その掘り方もさまざま（左ページ図参照）で、はじめは薬研《やげん》堀とよばれるV字型の断面のものが主流で、片薬研堀や毛抜堀とよばれるものもあった。やがて、鉄砲の普及により、射程距離がのびたこともあり、幅を広げる必要が生じ、崩れにくくするため、底を平らにした箱堀が多くなった。堀の幅は別に規格があったわけではないが、今日に残る遺構からすると、二〇メートルから六〇メートルくらいの幅が多い。ただし、近世の城では一〇〇メートルを超す幅の堀もある。

堀切と竪堀

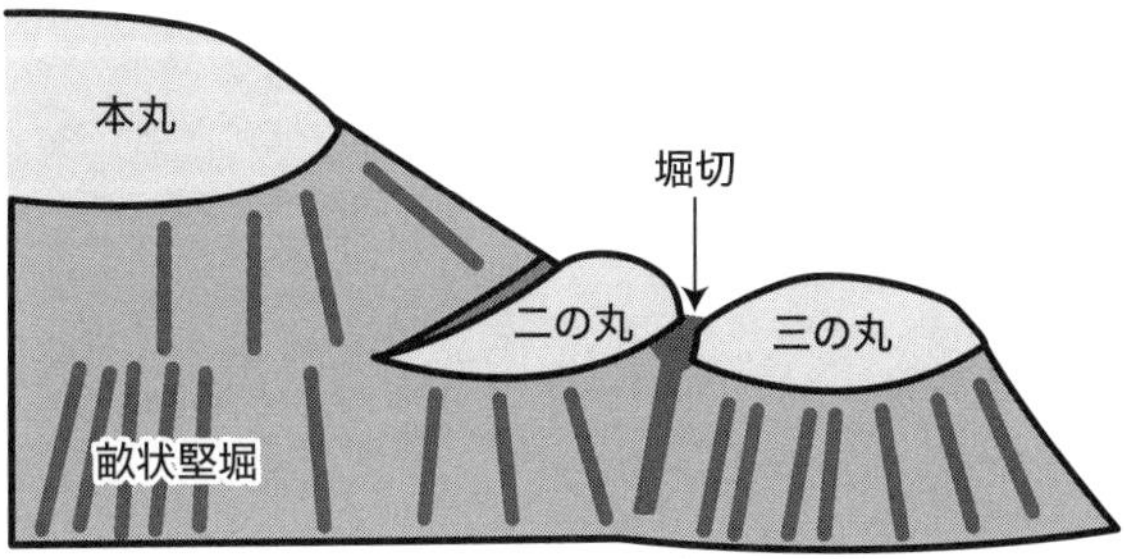

出典：小和田哲男監修『歴史を訪ねる　城の見方・楽しみ方』（池田書店）

堀の掘り方

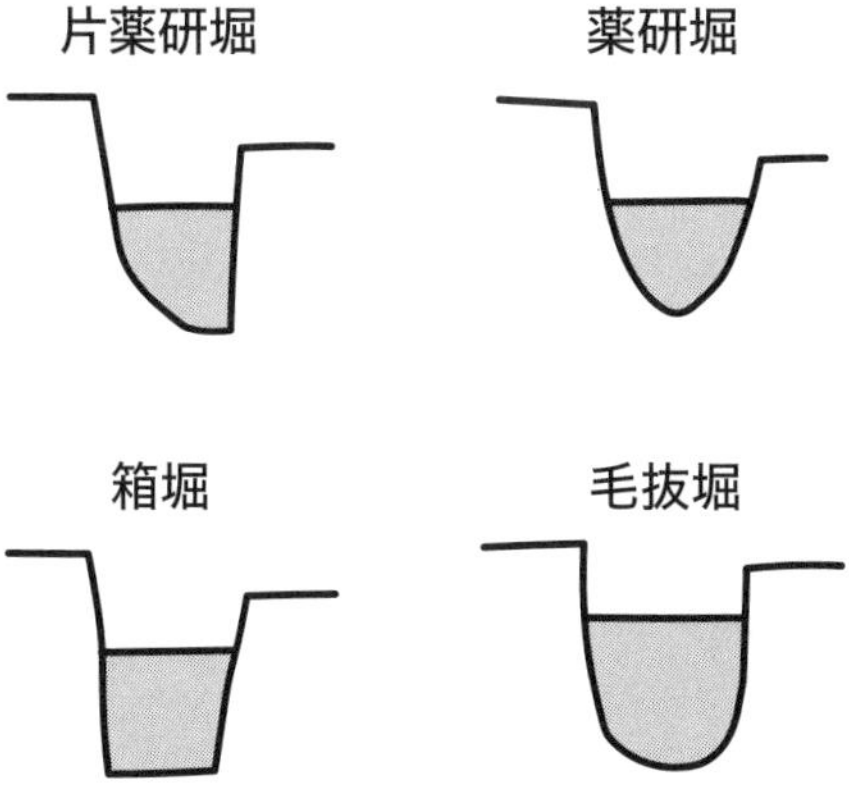

第2章

鎌倉・南北朝・室町期の城

鎌倉武士の方形居館

古墳時代に居館を築いた豪族は、やがて武士となり、源平の争いを経て、源頼朝による鎌倉幕府の樹立を迎える。いわゆる「武士の世」の到来である。そして鎌倉武士たちの居館が各地に出現するわけだが、その多くがほぼ正方形の区画からなる方形居館であった。

方形居館は堀と土塁によって囲まれて、多くは「方一町」、すなわち一辺が一〇九メートルほどの大きさとなっている。もちろん、川などの地形の制約から、きれいな正方形にはならず、大きさもそれぞれに差があり、五〇メートル四方程度のものもあれば、一辺が一二〇メートル以上のものもあるが、だいたい「方一町」が標準的なサイズである。どうして「方一町」なのかといえば、おそらく古代の条里制（土地区画制度）の影響を受けたからだろう。

方形居館は、堀と土塁に囲まれた内部が平坦地になっており、これが曲輪にあたる。つまり、堀と土塁と曲輪という中世城郭の三要素が揃っていて、しかも住居兼軍事拠点であるため、城に含めることができるのである。

もちろん、軍事拠点とはいっても常に合戦の舞台となっているわけではない。地頭・御家人といった鎌倉武士は、その地の在地領主でもあるので、農業経営にかかわることも多く、平時は灌漑用の水源として堀の水が使われたりすることもあった。

方形居館は平坦な場所に築かれることが多いが、背後を崖や丘陵台地で守ったり、周囲をわざわざ深田としたり、防御を固める工夫がみられる。

また、東国では政治的・経済的な拠点となるような場所を選んで築かれていることも見逃せない。「いざ鎌倉」に備え、鎌倉街道に沿った交通上の要衝や重要な河川の近くに居館を築いたのだろう。

居館の内部構造については、当時の形で残っている居館がないため詳細はわからないものの、発掘調査の成果や絵画資料などからある程度明らかになっている。

堀と土塁に囲まれた内部は、曲輪が一つしかないものと、二つ以上の曲輪を持つものがある。一つの場合は「単濠単郭」、複数の場合は「複濠複郭」とよび、領主の権力が大きければ複濠複郭となることが多い。

曲輪の数に関わらず、居館内部には母屋のほか、中間・郎党などの下級家臣である被官の屋敷がいく棟か建てられている。大規模なものでは、内部に畠や庭や弓の練習場を示す「あずち」、馬場などがあった。

方形居館に限らず、丘陵を利用して空堀を掘ったりした城館の場合、内部の建造物と防御施設はどのようになっていたのだろうか。

建造物では、当然、入口に門、土塁上に塀あるいは柵などがめぐらされていた。中世城館址《じょうかんあと》を発掘すると、土塁の上から柵の址と思われる穴が何本か認められる。門は櫓を兼ねたものが築かれることがあり、『後三年合戦絵巻』によれば、櫓状の構築物と石落しの源流になったと思われるものがみられる。それと似たものが『粉河寺縁起《こかわでらえんぎ》』にも描写されており、平安末～鎌倉期にかけてかなり一般的だっ

中世の居館想像図

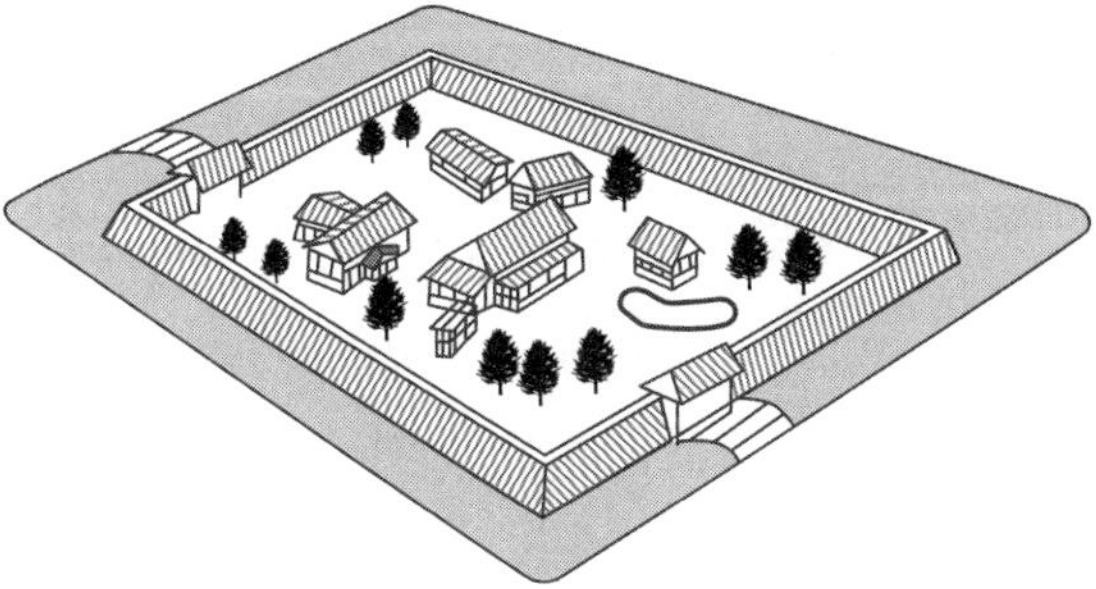

出典：小和田哲男著『城と城下町』（教育社歴史新書）

たとみてよいと思われる。

なお、鎌倉武士の館では、土塁の一部を特に高く築いている例がよくみられる。これは「人呼びの丘」といわれ、居館の主人がそこから大声で叫んだり、鐘や太鼓をならして、周辺に住んでいる中間《ちゅうげん》や郎党などの被官を召集したのである。平安時代末期の説話集である『今昔物語集』の巻二六には、「其辺ニアル下人ノ限リ物云ヒ聞スル人呼ノ丘トテ有基《つか》ノ上ニテ云也ケリ」と書かれている。

城館址のあったあたりの小字《こあざ》を調べていると、「鐘打台」などという地名があったりするが、そこに「人呼びの丘」があったものと思われる。「鐘打台」がなまって「蟹打台《かにうちだい》」という小字で伝えられているところもあった。

ここで、ついでなので、地名から城館址を探す方法について少しふれておきたい。「城」とか「館」の字がついた場所は当然だが、意外と、一見、関係なさそうな地名が実は城館地名だったというケースが少なくない。

前述の「蟹打台」もそうだが、「竹の内」というどこにでもありそうな地名も、元は「館の内」だったという例がある。「たてのうち」がなまって「たけのうち」になったのである。

また、「かいと」という地名もそこに城館があった可能性が高い。漢字は「垣内」「開戸」「貝戸」「垣外」などいろいろな字があてられているが、いずれも「かいと」である。そのほか、「殿」がつく地名も要注意である。

南北朝内乱の展開と山城の出現

元弘三年（一三三三）五月七日、足利尊氏が後醍醐天皇に呼応して京都の六波羅探題を攻め、北条仲時らを逐《お》い、二十二日には新田義貞が鎌倉を攻め、鎌倉幕府は滅亡した。このあと、後醍醐天皇が京都にもどり、建武の新政がはじまった。

ところが、その後、足利尊氏は後醍醐天皇と対立し、新たに光明天皇を擁立し、吉野に逃れた後醍醐天皇も「自分こそ正統の天皇である」と主張したため、ここに北朝と南朝の二つが並立するおよそ六〇年にわたる南北朝の内乱となった。そしてこの内乱時代、戦の方法が、騎馬武者同士の野戦を中心としたものから城を最大限に利用した籠城戦へと移り変わっていき、それに伴って城の構造もどんどん高度になっていく。

たとえば立地や形態は、それまで平坦地に築かれた方形居館のようなものから、山岳地帯の天険を活かした山城へと変化していった。つまり、平地の居館と戦時を想定した最後の拠点としての「詰の城」の合体したものから、山城である「詰の城」だけを補強して、もっぱらそれを利用して戦いぬくというように、戦い方そのものが様変わりしたのである。その第一番の旗手ともいうべき武将が楠木正成だった。

楠木正成は、河内観心寺領の土豪といわれるだけで、その出自は明らかではなく、したがって、築城術をどこで身につけたのかも不明である。

元弘元年（一三三一）、元弘の乱（元弘の変とも）をおこして笠置城に入った後醍醐天皇に呼応し、楠木正成は河内赤坂城を築いて挙兵した。河内赤坂城は鎌倉幕府軍に攻められて陥落したものの、翌二年、隠岐から脱出した後醍醐天皇に応じ、赤坂城を奪いかえし、上赤坂・下赤坂の両城とした上で、千早城を築いて金剛山国見山城を詰の城とする一大城郭網を完成させたのである。

こうした城の築き方を「集団城郭」などとよんでいるが、南北朝期特有の、しかも南朝方に顕著にみられる築城法であった。ところで、この赤坂城・千早城に拠った楠木正成の軍勢に対し、鎌倉幕府軍が大軍で攻撃をして持久戦となったが、正成らが籠城している間に、足利尊氏・新田義貞の挙兵があり、結局、六波羅探題北条仲時の討ち死になどのため、鎌倉幕府軍は包囲を解いて退いていった。

籠城四ヵ月の戦いは、世に「千早城合戦」の名で知られているが、『太平記』によって、正成の二重釣塀、藁人形作戦といった奇策や走り木という新兵器を用いた戦いぶりが有名となった。天険の要害に築かれた山城が戦いに有効であることを実証してみせる形となった。

南北朝内乱期の城をみていると、特に南朝方の場合、天険の山城を利用していることと、その多くが、古代以来の山岳寺院を使っているという特徴があるのに気づく。

具体例をあげてみよう。さきにみた笠置城の場合、笠置山寺があり、また、のちの吉野城も吉野金峯山寺《きんぷせんじ》があり、そのほか鷲峰山金胎寺や、一時期、比叡山や高野山も利用しようとしたことが知られている。

北畠顕家が拠った霊山《りょうぜん》城（福島県伊達市霊山町）も慈覚大師創建という天台宗の霊山寺を城として用いたものであり、いずれもそれら寺院の僧兵を武力として利用することも含まれていたのである。つまり、山岳寺院なので、天険の地をいかし、寺の建造物はそのまま館として使えるし、僧兵を武力とし、また寺院の財力にも依存することができるという、一石二鳥にも、一石三鳥にもなったことは注目してよい。

なお、南朝方の城を語るとき、楠木正成とともに、もう一人落とすことができない人物がいる。後醍醐天皇の第三皇子護良《もりよし》親王である。大塔宮《おおとうのみや》とよばれ、建武新政府の征夷大将軍となった。この護良親王が拠ったのが吉野城で、金峯山寺蔵王権現を中心とする修験道の行場であり、吉野城はそのまま堂宇を利用したものであった。その他の後醍醐天皇の皇子たちも各地に派遣され、北朝勢力とあたることになる。

たとえば、尊良《たかよし》親王は北陸に赴き、杣山《そまやま》城・金ケ崎《かねがさき》城に籠城し、また、宗良《むねよし》親王は遠江の三岳城および駿河の安倍城に入り、懐良《かねよし》親王は肥後の隈府《わいふ》城に入った。このように親王たちだけでなく、南朝方諸将は、北畠顕能の伊勢霧山城のように、いずれも山岳地帯の山城に拠っていた。南北朝時代が山城全盛期といわれるのはそのためである。

ちなみに、『太平記』によると、城の設備として、塀、橋、土塁、柵、堀、木戸、役所、櫓などがあったことがわかり、柵には、逆茂木《さかもぎ》、乱杭《らんぐい》、鹿垣《ししがき》など、のちの戦国時代の城にみられる構築物がすでにあったことがわかる。

山城に代わって築かれた守護館

室町時代の前半は南北朝内乱期と重なるが、その内乱に終止符が打たれた後、南北朝内乱期に隆盛をみた山城はほとんど使用されなくなる。南北朝期の山城は山奥に築かれていることが多く、政治・経済上の拠点には適していなかった。

そのため、山城に代わって各国守護の守護館が築かれることになる。守護はそれぞれの国を支配するための拠点として守護所を設けるが、多くの場合、一国支配の拠点として選ばれたのは、古代以来、国府、すなわち国衙《こくが》が置かれていたような場所だった。駿河の今川氏が駿河の府中、すなわち駿府に守護所を置き、甲斐の武田氏が甲斐の府中に近い躑躅《つつじ》ヶ崎《がさき》館を構えたのなどはその例である。

また、最近の研究で、能登守護畠山氏も七尾城を築くまでは、能登の府中に守護所を設けていたことがわかっている。畠山氏の府中守護所は、七尾市教育委員会の考古学的調査と明治の地積図の分析によって、「方二町」の守護館とそれに付属する「方一町」の守護代所や寺院の存在が明確になってきた。

そして、国府のあった場所、すなわち府中は、その国の政治・経済上の要衝《ようしょう》であり、地形的にはたとえば街道や川べり、海べりなら湊に近いところである。当然ながらそれらの場所は南北朝期の天険の要害とはかけはなれた地形である。

今の山口県東部、周防《すおう》の守護大内氏が周防の国衙のあった防府ではなく、山口に守護所を置いているが、これはむしろ例外といえる。

守護館が「方二町」、すなわち約二二〇メートル四方というのは、発掘調査で判明した豊後大友氏の守護館や、武田氏の躑躅ヶ崎館の大きさとも共通し、標準的な大きさだったものと思われる。そして、そのまわりに守護町が展開する。

守護館と守護町の姿をみていく上で参考になるのが大内氏の山口である。守護館は現在の龍福寺境内で、発掘調査の結果、庭園があったことがわかっている。守護館は現在の龍福寺境内で、発掘調査の結果、庭園があったことがわかっている。堀と土塁で囲まれ、大内御殿とも築山館ともよばれていた（口絵2ページ参照）。町並みは整然とした条里制の碁盤目状の街路となり、一の坂川をはさんで後河原から中河原にかけて家臣の屋敷があった。

一の坂川がちょうど賀茂川にみたてられ、地形全体も京都に似ていることから、京都を模した町が作られたようで、「西の京」などといわれている。この時代、町作りに範をとるところとしては京都しかなかったからである。

守護町としての山口をみていく上で注目されるのが、近世初頭の作といわれる

「山口古図」である。そこには、大内御殿（築山館）の周囲に、陶《すえ》・鷲津・内藤・杉氏などの重臣クラスの屋敷が並んでいる様子が描かれている。また、大市町・中市町・十日町などの町、鞍馬小路・相物《あいもの》小路などがあり、商工業者の集住もあったことがうかがわれる。

もっとも、こうした近世初頭に作成された図は、近世城下町のイメージで中世の町を描いている可能性もあり、全幅の信頼を寄せるわけにはいかないが、後の戦国城下町につながっていくような守護町ができていたことは認めてよいのではないかと考えている。

「方二町」の守護館はその名前の通り居館である。守護の住居であると同時に政庁でもあり、堀や土塁で囲まれてはいるが、軍事的にみて、そこで敵を迎え撃つような場所ではなかった。そのため、さきにみた能登守護畠山氏のように、戦いがはげしくなってくると、山城の七尾城を築いて移っていくようになる。

能登の畠山氏は、守護大名から戦国大名へ移行する一六世紀はじめに山城へ移っていったが、甲斐の武田氏や駿河の今川氏などはちがう方法をとった。彼らは戦国時代に入っても旧来の守護館に住み続けた。武田氏は躑躅ヶ崎館、今川氏は駿府今川館である。そしてその代わり、近くに詰の城として、戦時に備えた山城を築いている。それが武田氏の要害山城であり、今川氏の賤機山《しずはたやま》城である。

室町期国人・土豪の城館

室町時代、守護以外の在地領主が何人もいて、それぞれ城や館を築いていたので、次にくわしくみていくことにしたい。広い意味で在地領主とよんでいるが、階層としては国人と土豪に分類されるので、そのそれぞれについて具体的に取りあげる。

まず、国人は、国人領主ともいい、国衆《くにしゅう》とよばれることもある。鎌倉時代の地頭・御家人の系譜を引く武士である。この国人の中から守護・守護大名になっている者も少なくなく、したがって、そののちの戦国大名にまで転化したケースもいくつかみられるのである。

国人は守護・守護大名の被官として、その中の有力な者は守護代や小守護代などに任命される者もあった。各地にみられる中世城郭の多くは、この国人の居城・居館だったのである。しかも、あとでふれる土豪と根本的にちがうのは、国人が純然たる武士だったということで、農業経営からはきっぱりと離れていたのが特徴である。

では、もういっぽうの土豪とは何なのか、国人とのちがいはどこにあるかである。これは、端的に表現すれば、兵農未分離状況の有力な農民である。よく、地侍などと表現される部分で、村落の有力名主が、苗字をもち、武器をもち、しかも自らの屋敷を城構えにしているといった階層である。

ただ、国人とはっきりちがう点は、農業経営にたずさわっているということと、畿内のような惣村《そうそん》地帯であれば、惣（自治組織）の乙名《おとな》になったりして、行動を惣によって規制されるという点である。わかりやすくいえば、守護・守護大名の被官が国人、その国人の被官が土豪といった関係になる。

国人も土豪も在地領主なので、その城館はまとめて豪族屋敷とよばれることがある。では、一くくりで豪族屋敷とされる国人・土豪の城館であるが、ちがいはあるのだろうか。

実際、その城館が国人の城館なのか、土豪の城館であるのかをみきわめることはかなりむずかしい。史料などによって、その城館主の歴史的性格がわかればある程度判断できるが、そうでない場合は、遺構から判断していかざるをえない。

この点で私が注目しているのは、松本豊寿氏の『城下町の歴史地理学的研究』である。松本氏は、土佐の豪族屋敷（土居とよばれている）を徹底的に調べあげ、国人の城館は堀・土塁が二重になっているのに対し、土豪の城館は一重であることを明らかにした。つまり、複濠複郭式は国人の城館で、単濠単郭式は土豪の城館だというのである。

そうした視点で私も駿河・遠江の国人・土豪の城館を追跡したところ、同じような結論を得ることができた。国人の城館が複濠複郭式、土豪の城館が単濠単郭式というのは定式化できるのではないかと考えている。

そしてもう一つ指摘されるのは、国人の城館のまわりに豪族屋敷集落ができるのに対し、土豪の城館のまわりにはそれがみられない点である。これも小字《こあざ》などによって明らかにされるケースがある。たとえば、近江の国人今井氏の居城箕浦《みのうら》城のまわりは、現在は純農村化しているが、そこに、八日市場、立町といった地名が残っており、かつてそこが町場集落だったことを物語っているのである。

なお、さきにふれたように、土豪は農業経営に直接タッチしており、それと城館の関係もみておきたい。この点は鎌倉武士の居館の堀の水が灌漑用水として利用されていたというのと共通する。土豪の居館の堀が溜池として、灌漑用水の水源として用いられている例は結構多い。城館が築かれた位置を、灌漑水理の面からみていくのもおもしろい。

第3章

戦国時代の城

生活のための居館と戦のための詰の城

城の歴史を追いかけて、いよいよ戦国時代、城が最もたくさん造られ、また、城が有効的に利用された時代に突入する。ただ、戦国時代がいつからはじまったのかという点については意見が分かれている。応仁元年（一四六七）からはじまった応仁・文明の乱を戦国時代の幕開けとする説もあるが、戦国時代を示すキーワードでもある下剋上という観点からすると、私は、もう少し後ではないかと考えている。

そうなると、一つは、文明十八年（一四八六）の出雲守護代尼子経久《あまごつねひさ》による下剋上が注目される。これは、出雲国の守護代だった尼子経久が守護京極政経によって罷免されたあと、文明十八年に政経の跡を継いだ京極政高を月山富田城に攻め、城を奪い取っただけでなく、実権も握ってしまったというものである。

『陰徳太平記』や『雲陽軍実記』などによると、文明十八年正月元日、恒例の千秋万歳《まんざい》の集団である鉢屋を味方にした経久が、家臣を万歳（年の初めに祝いの言葉を述べて舞う芸能民）に変装させ、城を乗っ取ったとしている。ただ、両書とも後世の編纂物《へんさんぶつ》であり、年次の点も含め、本当に起こったことなのかの実証はむずかしい。

ある程度、実証できるできごととなると、その七年後になるが、明応二年（一四九三）の北条早雲の伊豆討ち入りが戦国時代開幕を告げる象徴的なできごとではないかと考えられる。ちなみに、北条早雲というのは俗称で、正しくは伊勢新九郎盛時、出家して早雲庵宗瑞《そうずい》と名乗っていて、北条の姓になるのは子の氏綱のときからであるが、ここでは、便宜的に北条早雲と表現させていただく。

駿河の守護大名今川氏親の食客《しょっかく》にすぎなかった北条早雲が、室町幕府の出先機関だった伊豆の堀越《ほりごえ》公方足利茶々丸を逐っているので、明らかな下剋上であった。ここからおよそ一〇〇年間におよぶ戦国時代がはじまる。

戦国時代はその名の通り、戦いの連続だった。しかし、毎日戦いが続いていたわけではない。平穏な時もあり、地域によっては、戦時が非常時で、日常は平穏な時の方が多かったと思われる。武将たちは、いつも戦いに備えた山城で不自由な生活をしていたわけではなく、合戦のない時は平地の居館で生活し、いざ戦いという時だけ山城に籠って戦うという使い分けをしていたのである。そのため、平時の居館に対し、山城は戦時の詰の城といういい方をしている。

この点は、すでに室町期の武田氏、今川氏、畠山氏を例に取り上げたが、ほかに有名なものとして、越前朝倉氏と若狭武田氏の例がある。朝倉氏の居館は平地の一乗谷に築かれており、そこは平時の居館で、背後の一乗城山に詰の城としての山城が築かれていた。また、若狭武田氏も、平時の居館である武田氏館の背後の後瀬山《のちせやま》を詰の城としていた。

この一乗城山および後瀬山は居館のあった場所の背後である。ただ、居館のすぐ背後だと、居館と詰の城が同時に攻められる危険もある。また、政治・経済上の中心となると、ある程度、人が集住する空間、すなわち、城下町も必要となり、そうした平野部に手ごろな山城になる山がないというケースもある。そのような場合、平時の居館と詰の城は少し離れて築かれることになる。前述の甲斐武田氏の場合、平時の居館である躑躅ヶ崎館と詰の城である要害山城は約二・五キロメートル離れている。

なお、こうした平時の居館と詰の城としての山城のセットは、戦国大名の居城にだけみられたわけではない。国人領主、すなわち国衆レベルの城にも同じ傾向がみられる。ここでは、駿河国駿東郡の国人領主で、戦国大名今川氏の家臣に組み込まれた葛山《かずらやま》氏の葛山城と葛山館（ともに静岡県裾野市）についてみておきたい。

59ページの図にあるように、葛山氏の平時の居館は平地にあり、鎌倉時代によくみられた方形居館で、「方一町」よりはやや小さい。広さは東西約一〇〇メートル、南北約八〇メートルで、土塁は高いところで三・三メートルある。土塁の低いところの高さは現在では一メートルほどだが、かつては三メートルを超す土塁が周囲に築かれていたものと考えられている。堀は道路改修工事の際に埋められてしまった部分もあるが、単濠単郭の居館がよく残っている。

そして注目したいのは、この平時の居館に加え、すぐそばに詰の城が残っている点である。比高、つまり麓からの高さは七〇メートルほどしかないので純然たる山城とはいえないが、周囲には空堀があり、本曲輪・二の曲輪などの削平地がいくつも残っている。特に、城への入口部分になる虎口《こぐち》（１００ページ参照）の作りはしっかりしていて、明らかに戦うための城として作られている。

ところで、城に関する講演会などでは、館と城のちがいについて聞かれる機会が多いので、ここで両者の特徴について簡単にふれておきたい。

かつて村田修三氏は「城郭概念再構成の試み」（『中世城郭研究論集』）で、「どこからが居館で、さらにどの段階から城か、という境界線は明瞭には引けない」と書いている。これは館も広義の城に含んだ形で理解されているからで、最近では、館と城を区別せず、館城《やかたじょう》（読み方は「かんじょう」とも）という概念が提起

葛山城と葛山館

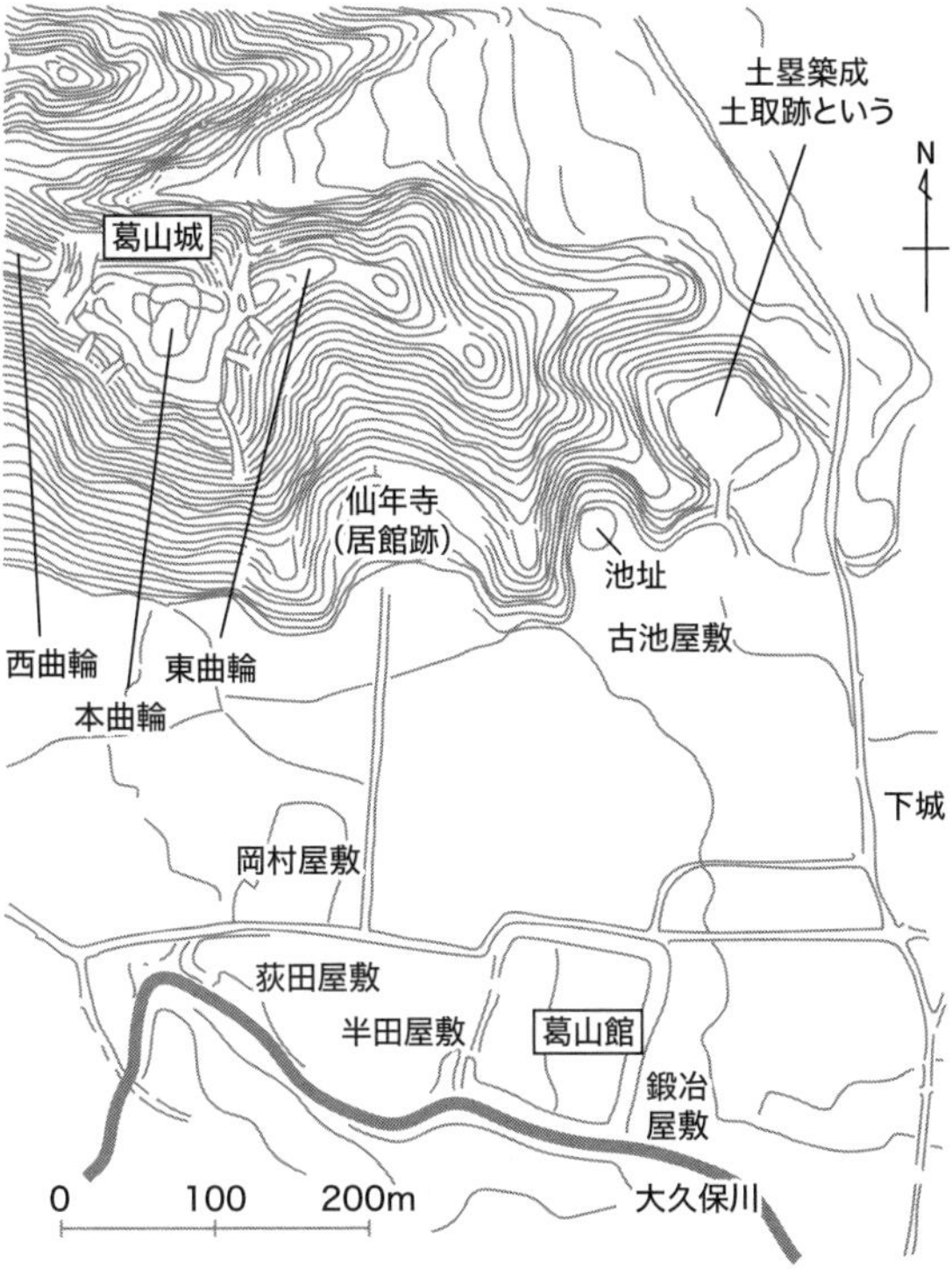

静岡県教育委員会『静岡県の中世城館跡』に加筆
出典：小和田哲男著『戦国の城』(学研新書)

されている。しかし、狭い意味でみると、館と城はやはり同じものではない。はっきりとした線引きはできないとしても、大まかなちがいは指摘できる。

この点で一つ参考になるのは、江戸時代の軍学者のとらえ方である。彼らの定義によれば、狭間《さま》（壁面などにある防御用の穴や窓）を備えたものが城であり、備えていないものが館となっている。鉄砲狭間にしても矢狭間にしても、近世城郭の城壁などに備えられているものなので、これだけで戦国期の城と館のちがいを論ずるわけにはいかないが、狭間という城内から城外へ攻撃をしかける設備の有無をみるというのはいい着眼点である。

たとえば、城の出入口である虎口にしかけがいっさいなく、ただ土塁と堀があるだけで自由に出入りできるような作りのものは館といってよいが、虎口のところに、横矢掛《よこやがか》り（104ページ参照）のしかけがあったり、馬出《うまだし》（102ページ参照）などが作られていれば、これは攻撃的設備で、明らかに城の範疇に入る。

つまり、軍事的要素が強いか弱いかのちがいで、館と城をある程度は区別化できるのではないかと考えている。

家臣団の城を結ぶ城のネットワーク

戦国時代、それぞれの戦国大名は軍事拠点としての城の整備にもてる力を投入することになる。そのことをみていく場合、方向性としては大きく二つに分けて考えた方がよいと思われる。一つは、自らの居城である本城の強化拡充であり、もう一つが支城網の整備である。

大名の居城である本城は大規模になるとともに縄張（城の設計）も複雑となり、また、枡形《ますがた》（106ページ参照）や馬出といった防備の手法が縦横に駆使され、それぞれの大名ごとの独特な築城術が工夫されていくことになる。この築城術についてはあとでふれることにしよう。ここではまず、支城網の整備についてみておきたい。

というのは、戦国時代のある段階までは兵農未分離だったので、後述する織豊期や近世のような兵農が分離した状況ではなく、家臣団を常に城下に集めていたわけではなかったからである。本城だけの守りを考えるのではなく、領国内に散らばる支城を使っての防御が必要だった。

支城という言葉は、本城に対して生まれた言葉で、中世では本城のことを根城《ねじろ》などとも表現しているので、根城に対して枝城《えだじろ》、端城《はじろ》などといったいわれ方もしている。なお、支城には、同じ支城というい方をしていてもランクのちがう支城があり、本城の支城など、大名の一族や重臣たちが入る支城を第一次支城とよび、その支城のさらに下の支城を第二次支城などとよぶこともある。当時の史料には、出城《でじろ》、外城《とじょう》、取出などと書かれることもあり、取出は取手の字も使われ、砦と同じ意味である。

第一次支城は、大名の一族や重臣クラスの武将が城主を務めることになるが、二つのケースがあった。一つのケースは、元もと、戦国大名に匹敵するほどの有力国人領主が、戦国大名の大名領国形成過程の戦いで征服されたりした場合である。征服され、その大名に服属して家臣となったり、征服される前に降伏して本領を安堵され、そのまま以前からの国人領主としての居城におり、それが大名領国全体からみて支城として位置づけられたような場合である。

こうした来歴をもつような支城を私は「本貫地支城《ほんがんちしじょう》」とよんでいる。このような支城がどの大名領国にも多いということは、家臣として組み込んでも、その勢力を無視したり、抹殺することはもちろん、滅らすことも容易ではなく、そのままの形で本領安堵しなければならなかったことの反映であろうと思われる。

もう一つのケースは、「在番支城《ざいばんしじょう》」である。当時の表現では、番城《ばんじろ》とか番手城《ばんてじろ》などと出てくるが、これは、滅ぼされたり、あるいは転封されたりして、本貫地の領主がいなくなったあとに、戦国大名の命を受けて新たに入って支城主となった場合である。このケースは、新しく入った支城主も、本来、別のところに所領をもっていたわけで、国人の在地領主的性格を払拭しようとする戦国大名のねらいに合致したものといってよい。

戦国大名の家臣団構成として、多くの大名が採用していたのが寄親寄子《よりおやよりこ》制というものである。この寄親寄子制が城と密接に関係していた。寄親も寄子も戦国大名の家臣という意味では同じだった。しかし、寄親と寄子ではランクに明確なちがいがあったのである。

寄親が国人領主レベルで、寄子が土豪、すなわち地侍レベルで、戦いのときには、寄子は寄親の旗の下、もっといえば、寄親の城に集まる形であった。寄子のことを寄騎《よりき》、あるいは与力《よりき》と書くのはその意味も含まれていた。寄子も小さいながら城館をもっていたので、戦いのとき、寄親の城に集まることになり、寄子たちの第二次支城と、寄親の第一次支城という位置づけとなる。

とはいえ、メールも電話もない時代、第二次支城主である寄子たちは、どのようにして第一次支城主である寄親のもとに集められていたのだろうか。実は、このことを考える上で恰好の史料があった。それが『土気《とけ》古城再興伝来記』(『続群書類従』二一輯下）である。そこには次のように記されている。

其時土気東金両城ハ、朝夕合戦ノ談合止事ナシ。サレハ名字ノ百姓ハ御扶持方被レ下、田畑ヲ耕時ハ畔疇ニ鑓リ長刀、或藤柄ノ小脇指大小ヲ伏置、城中ニテ鐘ヲ突、太鼓・貝ヲ吹トキハ、耕地ヨリ直ニ上リ、先帳面ニ付、一番鐘ヲ突時ハ兵ヲ遣ヒ、二番ニ太鼓ヲ打時ハ鎧甲ヲ着シ、其外万支度ヲ調、三番ニ貝ヲ吹時ハ、家中其外名字ノ百姓迄不レ残、城内エ可二相詰一由御触出也。

ここに出てくる土気城、東金城は、どちらも現在の千葉県下にあった城で、そこに「名字ノ百姓」、すなわち寄子である土豪たちが、何の合図で寄親の城に集められたかが記されている。書かれている内容を順序通りに整理すると、次のようになる。

①鐘・太鼓・法螺貝——耕地より上る

②鐘——兵糧の準備
③太鼓——武装して待機
④法螺貝——城に入る

注目したいのは、鐘・太鼓・法螺貝と、伝達手段がすべて音によるものだという点である。

戦国時代の伝達手段というと、一般には烽火《のろし》（狼煙）が知られているが、土豪たちはふだん農作業をしているので、寄親の城で烽火があがったとしても、気づかない可能性がある。ましてや、支城領は広範囲におよび、山があれば視界が遮られてしまう。そのためこの場合、烽火は伝達手段として適していない。

その点、鐘・太鼓・法螺貝の音はかなり遠くまで届き、農作業中の土豪たちにもしっかり召集命令を知らせることができるため、召集手段として最適だったと思われる。また、これらの音の到達範囲が支城配置に影響を与えた可能性もあるだろう。

「堅固三段」と山城・平山城・平城

江戸時代になると、甲州流軍学、北条流軍学、越後流軍学というように、軍学が盛んになり、軍学者たちの間で城に関する研究が進められ、「堅固三段」という言葉が生まれる。この「堅固三段」という概念は、城の役割をみていく上で役に立つので、ここでふれておきたい。

「堅固三段」とは、「城堅固の城」「所堅固の城」「国堅固の城」の三つを指し、強固な城を築く方法を三段階で示したものである。

一つ目の「城堅固の城」は、城そのものの堅固さを重視し、城で敵の攻撃を防ぐ構造の城を指す。城が防御の主体になっており、この「城堅固の城」は近世の城に多くみられる。

二つ目の「所堅固の城」は、周囲の地形などを巧みに盛りこんで守りを固めた城で、川や沼・池、さらには山など自然地形を天然の要害として利用するものである。この「所堅固の城」は戦国の城に多い。

三つ目の「国堅固の城」は、一国、あるいは支配領域全体といった広い範囲の防衛を想定して築かれた城のことをいう。国境の防備施設が充実していたり、本城と支城を結ぶ繋《つな》ぎの城などが完備されていたりする形がこれにあてはまる。

戦国大名の「国」の境界は、古代律令制の段階の国と重なる場合もあるが、そのようなことはむしろ例外で、律令制で決められた国境とは無関係に境界ができることの方が多い。極端ないい方をすれば、そこに住む国人クラスの部将が、どちらの戦国大名に臣従するかによって国境線は変動していたことになる。

つまり、境目は一定でなく、常に動いていたといってもよい。だからこそ、新しい国境線に近いところに境目防備の城が作られ続けることにもなるのである。織田方と毛利方の国境線となった備前と備中の境に築かれた毛利方の「境目七城」などはその例である(左ページ図参照)。

ところで、江戸時代の軍学者は、こうした「堅固三段」以外に、山城・平山

備前との国境付近に築かれた毛利方の城・境目七城

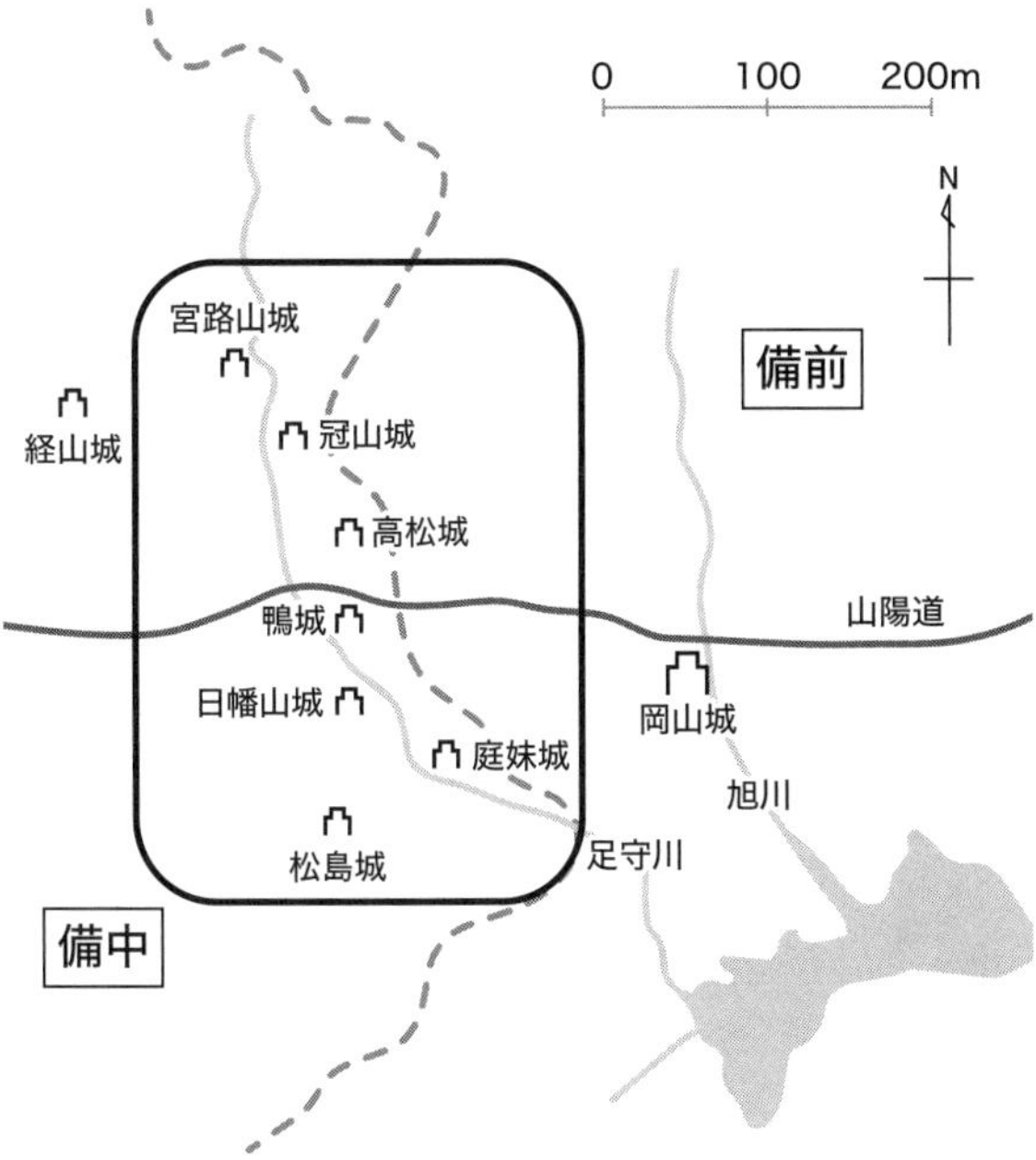

出典：小和田哲男著『戦国の城』（学研新書）

城・平城といった分類も行っている。これは立地による分類で、山城は山の地形を利用し、山の上に築かれた城である。南北朝内乱期同様、戦国時代にも山城は多く築かれた。山は独立した山の場合もあれば、連山の一つの峰を占地する場合もあった。山城の比高はさまざまで、能登畠山氏の七尾城のように比高が二五〇メートルといった程度のものは数が多く、なかには越前朝倉氏の一乗谷城のように、比高が四〇〇メートルを超すものもある。

平山城は、その名前の通り、先に述べた山城と、次に述べる平城の中間に位置する城のことである。小高い丘を使ったもので、丘陵城郭などともよばれている。山城ほど峻険《しゅんけん》ではないが、平城のような平地に築かれたものではなく、山の地形を巧みに取り入れた形となっているのが特徴である。

なお、江戸時代の軍学者の定義では、山城と平山城のちがいが少々曖昧である。両者の定義は研究者によって考え方が異なる場合もあるが、私は比高が一〇〇メートルを超すものを山城とよんでいる。

山城は人里離れた山の奥に築かれるため、戦いにおいては有利である反面、政治・経済の中心とはしにくい。そのため、戦国時代から、織豊期、さらには近世に至るにつれて、山城より平山城や平城が一般的となっていく。

ただし、防御という点では平山城は山城にくらべて劣るため、縄張などを工夫して攻め落とされにくくしなければならなかった。そこにはさまざまな知恵がつまっており、城について学ぶ際の大きな魅力でもある。

最後の一つ、平城は平地に築かれた城である。江戸時代には城のほとんどがこの平城になる。

山城・平山城・平城の三つを防御の観点から見た場合、単純に考えると山城が最も優れ、平山城はそれより劣り、平城はさらに劣ると思うかもしれない。

しかし一概にそうとはいえない。平城が防御面で大きな問題を抱えているとすれば、平城を築く戦国大名はほとんどいなかったはずである。しかし、実際には平城は数多く築かれている。実は平城はさまざまな防御機構を備えた堅牢な城なのである。

もっとも、平城といっても一重の堀と一重の土塁だけの単濠単郭の土豪や、鎌倉武士の居館を指すわけではない。単濠単郭の小さな平城だと、大軍に攻められれば簡単に落とされてしまう。ここでいう平城はもっと大規模な城である。

平城が備える防御機構の代表例は、堀である。

戦国時代の後半に土木技術が大きく発展し、かつ大規模化した。戦国大名が多数の人足を動員して大規模な堀を掘ることが可能になったのだ。それも一重、二重といった単純な堀ではない。三重、さらには四重というように、いく重にも堀をめぐらせることで、堀を防備の重点とする形ができあがっていく。

また、「水城」や「浮城」などとよばれる、水によって守られる平城も戦国後半にかなり多く築かれている。

ただ、防御面で優れたその水城や浮城を、「水に守られている」という点を逆手にとって巧みに攻めた人物がいる。豊臣秀吉である。もちろん、秀吉以前にも水攻めを行った武将はいたが、秀吉の水攻めは群を抜いて上手かった。周知のように、天正十年（一五八二）、毛利方の備中高松城（口絵5ページ参照）を攻めるために、秀吉は近くを流れる足守川を堤防で堰きとめ、その水を高松城側に注がせ、城を水没させる方法で攻めることで、最終的に城主清水宗治を切腹に追いこみ、高松城の開城に成功している。

また、天正十三年（一五八五）三月から四月にかけても、紀州攻めに際し、秀吉は太田城を攻めるにあたって、近くを流れる紀ノ川の水を引き入れることで、降伏させている。秀吉が登場したことによって、平城も攻め落とされるようになったといわれている。

さて、ここまでで城攻めの方法の一つ、水攻めをみたので、次に、その他の城攻めについてもみておきたい。

力攻めから水攻め、兵糧攻めへ

戦国時代において、城を舞台とした戦いは非常に多い。攻める側からすれば攻城戦、守る側からすれば籠城戦である。城攻めにおいて最もオーソドックスな方法は力攻めで、これが正攻法とされている。

力攻めの場合、城の大手や搦手《からめて》などの虎口を攻めたり、塁壁の防備が手薄なところをねらって攻めたりするわけだが、たいていは弓矢や鉄砲を射かけ、ある程度城内の敵がひるんだところをみはからい、堀を越え、土塁や石垣に取りかかり、それを乗り越えて城内に侵入する形となる。

もちろん守る側も必死で防衛するため、当然はげしい戦いが起こり、攻める側にも守る側にも多数の負傷者が出る。「攻者三倍の法則」という言葉があり、この力攻めで城を落とすには、最低でも、城内の兵の三倍以上の兵力が必要だといわれている。

力攻めのときに、城内の建物に火をつけて攻める戦法が火攻めである。瓦葺《ぶ》きが普通の近世の城とちがい、戦国の城の屋根は板葺き、柿葺《こけら》き、ときには茅葺《かや》きや草葺きだったので、火矢によって簡単に燃えてしまう。火攻めでは火矢だけでなく、陶器製の器に油のしみこんだ布をつっこみ、それに火をつけて投げ込む火《か》焔瓶《えんびん》のようなものも使われていた。この投擲武器は焙烙《ほうろく》火矢とよばれる。

正攻法とされる力攻めは、たとえ成功しても犠牲者が多数出てしまうことから、より少ない被害で城を攻め落とせる戦法が主流になっていく。それが水攻めや兵糧攻めである。

水攻めについては先述したので割愛するが、兵糧攻めは、城内への兵糧輸送を断つ戦法である。城に備蓄されている食料がなくなるまで周囲を完全に包囲し、耐えかねた相手が降伏してくるのを待つのである。時間はかかるが、負傷者は少数で抑えられる。水攻め同様、兵糧攻めも秀吉が得意とした戦法で、「三木の干《ほし》殺し」、「鳥取の渇《かつ》え殺し」は特に有名である。

また、兵糧攻めの亜種として、「もぐら攻め」とよばれる戦法もあった。城の横っ腹からトンネルを掘って城内に入り、井戸の水を抜いたり、井戸に毒を投げこんだりする方法である。実際、金山《かなやま》衆のいた甲斐の武田氏、駿河の今川氏などは、城攻めに金掘りを動員していたことが知られている。

なお、城側も、兵糧攻めに備えての準備をしていた。城内に果実や食用になる草木を植えており、たとえば梅の実は梅干として重要な食糧となるし、また、干した芋の蔓や干したわらびなどを畳のつめものや、壁土にまぜていたという例も知られている。

戦国の城の曲輪配置

そこでいよいよ戦国の城の構造についてみていくことになるが、その前に、基礎知識として、城の部位の名称について解説しておきたい。これまでにも、曲輪や堀、土塁、枡形、馬出などの用語が出てきたが、ここであらためて整理しておこう。

城に関する本や、実際に城跡の入口などの案内板に鳥瞰図や縄張図があったりするが、実際に即してみていこう。78ページの図をみていただきたい。これは、現在、静岡県浜松市の犬居城の上が鳥瞰図、下が縄張図である。どの部分が曲輪で、どの部分が虎口や枡形かということが一目でわかるように描かれている。

この犬居城は、はじめは戦国大名今川氏の重臣天野氏の城で、すでにみた国人領主クラスの城で、今川氏の駿府今川館を本城とする今川氏の第一次支城に該当する。のちに天野氏は武田方となり、武田氏が手を加えているので、武田流の築城となっている。

図の左端、登山道とあるのがかつての大手道で、まず馬出に入る。鳥瞰図では四角の角馬出のようにみえるが、下の縄張図をみていただくと、やや湾曲しており、実際、現場でみると、武田氏特有の丸馬出の作りとなっている。そこと、虎

犬居城復元鳥瞰図（上）と犬居城縄張図（下）

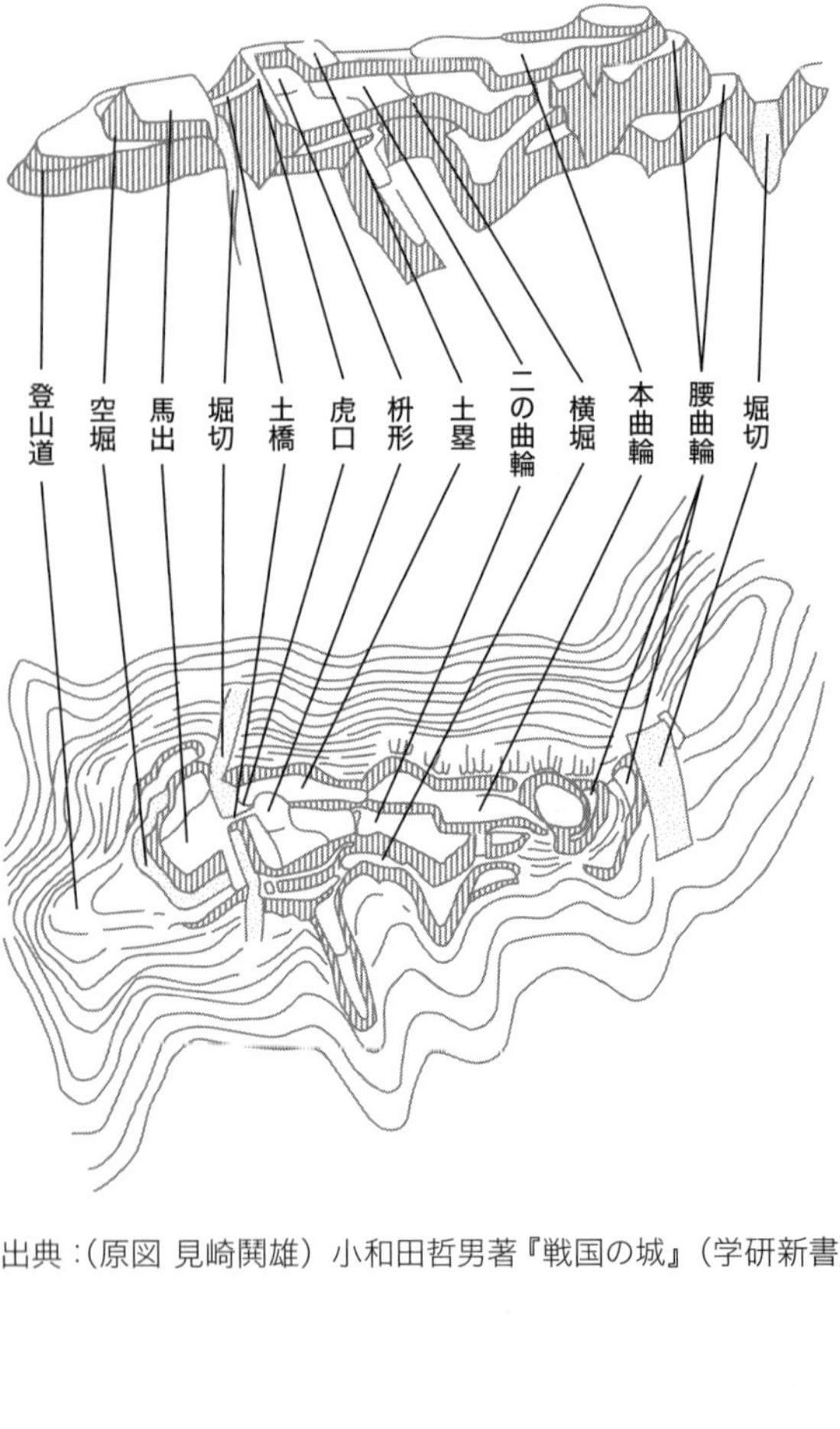

出典：（原図 見崎閑雄） 小和田哲男著『戦国の城』（学研新書）

口・枡形の間に堀切があり、そこに一本道が通っている。

これを土橋《どばし》（口絵4ページ参照）とよんでいる。掘り残しの道で、ふつう、人一人がやっと通れるくらいの狭さである。何人もが一斉に通ることができないしかけで、「一騎駆け」とよんでいるところもある。

土橋を渡って虎口・枡形に入る。虎口という書き方をするが、入口を狭く、小さくしたもので、本来は小口と書いていたと思われるが、虎の歯牙にたとえ、虎口と書かれるようになったといわれている。その虎口を入ったところの空間が枡形である。字は桝形とも書かれるが、一升枡や一合枡のように方形になっていて、守る側としては、敵兵をそこに封じ込め、弓矢や鉄砲で攻撃するしかけであり、また、外に攻撃に出る場合には、そこに勢揃いして出陣していく場ともなっている。

周囲に土塁や横堀をめぐらし、いよいよ城の主郭ともいうべき二の曲輪・本曲輪へと進むことになる。曲輪はすでにみたように削平地で、そこに兵たちが駐屯する小屋などが建てられており、本曲輪の一部、高くなっているところに物見櫓などが建てられていた。この部分に近世城郭では天守などが建てられることになる。ちなみに、本曲輪、二の曲輪は、近世には本丸、二の丸といったいい方になる。

なお、この図にはないが、城によっては横堀のほか、竪堀《たてぼり》が掘られているところもある。これは、敵兵の横への移動を阻止するしかけで、その他、斜面を削って下から登りにくくする切岸《きりぎし》というのもあった。斜面を平らにして小さな曲輪状にしているのが腰曲輪で、城によっては腰曲輪を帯状に長く連結させているところがあり、それを特に帯曲輪とよんでおり、城によって作りがちがうところもおもしろい。

さて、ここで示した犬居城の例は本曲輪と二の曲輪という二つの曲輪が段差をつけて並ぶ形となっているが、この曲輪配置もさまざまなバリエーションがあった。曲輪配置をどうするかが、縄張の大きなポイントである。いくつかのパターンに類型化できるので、これも図（左ページ参照）を示しながら解説を加えておきたい。

曲輪配置の四類型

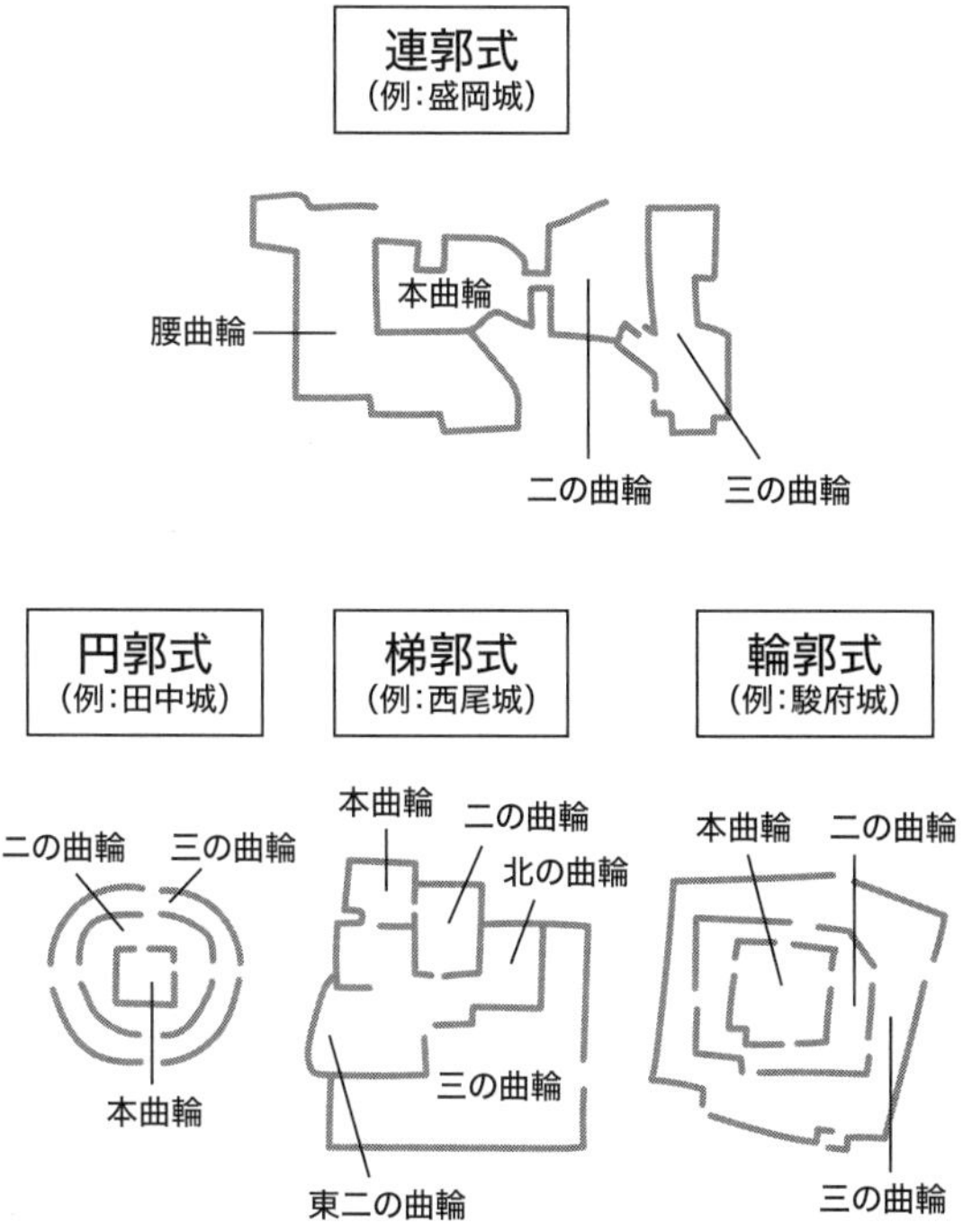

出典：小和田哲男著『戦国の城』(学研新書)

まず、山城に多く、平山城や平城にもみられるのが連郭式である。本曲輪・二の曲輪・三の曲輪といった曲輪が横一列に並んでいる形で、山城の場合、馬の背状の山を巧みに使って曲輪を作り、それを空堀と土塁によって区切っている例はよくみられる。

次が輪郭式で、図のように、中央に本曲輪、それを取り囲んで二の曲輪、さらにそれを取り囲んで三の曲輪というように、いわゆる「入れ小鉢型」となっている。高低差も本曲輪の部分が一段高くなっており、これは平城に多い。

次の梯郭《ていかく》式は、連郭式と輪郭式をミックスしたような形で、本曲輪の一方ないし二方につながって二の曲輪があり、二の曲輪のやはり一方ないし二方に三の曲輪がつながる形となる。本曲輪・二の曲輪・三の曲輪が次第に幅を広げ大きくなりながら梯《はしご》状になっているためにこの名前がつけられた。本曲輪の部分が一番高く、本曲輪に敵がすぐ取りついては困るので、二の曲輪に連続しない方は、断崖になったり、川に面しているのがふつうである。

以上が主要な曲輪配置の類型であるが、その他、輪郭式の変形として円郭式というものもある。図に示したように、本曲輪は方形であるが、二の曲輪・三の曲輪は円を描くように取り囲んでいる。これは、あとでふれる武田流築城術である。その他にも珍しい形のものがあり、螺旋《らせん》式もその一つである。本曲輪・二の曲輪・三の曲輪が渦巻型になるような曲輪配置で、九州、特に南九州には、小さな曲輪が一定区画の中にいくつも配置される分散型とよぶべきものもある。

いくつかに分類される曲輪配置のパターンであるが、戦国大名ごとにちがいはあったのだろうか。円郭式は武田流築城術としたが、そのあたりを次にみておきたい。

円郭式の例として図に示した田中城は現在、静岡県藤枝市に所在する城跡である。中央部分の本曲輪は方形で、これは戦国大名今川氏時代のもので、今川氏滅亡後、駿河に入った武田氏が手を加え、武田氏の城となった。実は、武田氏は曲輪を丸く作っていたのである。そもそも、曲輪という字の「曲」や「輪」からも連想されるように、堀や土塁は直線ではなく曲線を描いていたわけで、その特性を城作りに生かしたのが武田流築城術だった。

戦国大名武田氏の盛衰を記した『甲陽軍鑑』に「城取の事」という一項目がある。城を取ることではなく、当時は築城のことを「城取」といっていたので、これは縄張のことで、そこに、「城取の事　ちいさく、まろく」とある。つまり、曲輪は一つひとつは小さく、しかも丸く築くとしているのである。その結果、武田氏の城には「三日月堀」（口絵3ページ参照）とよばれる湾曲した堀が築かれ、馬出も角馬出ではなく丸馬出となっていたのである。

その武田氏と時には戦い、時には同盟を結んだ戦国大名北条氏も築城術の点では特徴があった。北条氏の城は連郭式の縄張が多いが、特徴的なのは堀の掘り方だった。「障子堀」（口絵3ページ参照）というのがそれである。堀を掘るとき、きれいに全部を掘ってしまうのではなく、障子の桟《さん》のように掘り残している。これは、堀底を敵が移動するのを防ぐとともに、城内側から城外へ打って出るときの道としても使う一石二鳥のしかけであった。

また、北条氏は、豊臣秀吉の大軍襲来を前に、小田原の城下町をすっぽり包む形の総構（惣構《そうがまえ》）とよばれる大外郭を築いており、これは北条流築城術の極致といってよい。天正十八年（一五九〇）の秀吉による小田原攻めで、秀吉軍二十一万とも二十二万ともいわれる大軍をおよそ三ヵ月防いだのは総構があったからである。

事実、秀吉は、このあと、自分の居城大坂城に総構を築かせているし、一部ではあるが障子堀も掘らせている。このことは、注目すべきことと思われる。というのは、城攻めをしてみて、自分の城にはないしかけをみつけ、次に自分の城を築くとき、そのいいところを真似ているからである。築城術はこのように進化していったところもみておく必要がある。

築城のプロセスと築城名人の登場

さて、ここであらためて、城はどのように築かれるのか、築城のプロセスを追ってみたい。最初は地選《ちせん》である。地選は字が示す通り、城を築く土地の選定で、築こうとする城の目的によって選定される土地も当然ちがってくる。

たとえば、敵からの攻撃を防ぐのが目的であれば、峻険な山や深田に囲まれた湿地のような場所が選ばれ、街道の監視が目的ならば街道沿いや峠などが選ばれる。また、戦国大名本人の居城といった領国経営の中心となる本拠の城の場合には、要害性よりもむしろ、政治・経済、さらには商品流通の利便性なども重視され、城の性格によって地選はさまざまである。

地選に付随するのが地取《ちどり》である。ここでは地選によって選ばれた場所のうち、どの部分に城を置くかを決める。たとえば地選の段階で、ある台地を選んだとすれば、地取によって、その台地の先端部分に城を築くのか、あるいは高いところに城を築くのかを決定するわけである。

特に戦国大名クラスの城となると、城下町をどう作るかという都市プランとも関係してくるし、自然地形をどう取り込むかも重要な要素となってくる。また、長期の籠城戦も想定されるため、水の確保についても考えておく必要がある。水場の有無や井戸を掘って水源を確保できるか否か、といったところも地取の重要なポイントになる。

地選・地取が終わり、どこに城を築くかが決まると、いよいよ第三段階の経始《けいし》、選定した土地にどのような城を築くか考える作業に入る。経始のことを一般には縄張とよんでいるが、それは選定した土地に縄を張ったりして区画を考えたからといわれている。経始、すなわち縄張というのは、城の平面プランであり、グランド・プランといういい方もされている。

本曲輪や二の曲輪など、曲輪配置をどうするのか、さきにみたような、連郭式にするのか、輪郭式にするのかを、地形も加味しながら決定していく作業になる。

この曲輪配置をどうするかは、城にとって決定的に重要な事項で、単に守るだけでなく、攻めるにも適した城作りが求められていたことはいうまでもない。築城者にとっても、知恵と工夫を発揮する恰好の機会であり、曲輪配置と合わせ、どこに堀を設けるか、城の出入口となる虎口をどのようにするかも重要であった。

このあと、第四段階として普請《ふしん》、そして第五段階として作事《さくじ》へと続いて城が完成することになるが、普請と作事はあとでふれることとして、ここでは、経始、すなわち縄張を得意とした築城名人についてみておきたい。

戦国大名武田氏のもとで縄張名人といえるのが山本勘助である。山本勘助というと武田信玄の軍師として有名であるが、実は、信玄に作戦などを進言する軍師というよりは、武田流築城術を完成させた築城名人というのが正しい。『甲陽軍鑑』に築城をめぐっての武田信玄と山本勘助のやりとりが記されているし、勘助が縄張をした信濃の海津城（近世の松代城）に丸馬出が築かれたのが知られている。勘助のあと、その築城術を受けついだ馬場信房が縄張をした城にも丸馬出、

築城＝地選、地取、経始（縄張）、普請、作事

第１段階　地選

城を築く土地の選定を行う。防衛上の観点、あるいは敵の監視といった要害性以外に、政治・経済・商品流通を考慮するなど、地選は築かれる城の性格によって大きく変わってくる。

第２段階　地取

地選によって選ばれた場所のどの部分を城として使うか決定する。戦国大名クラスの城となると、城下町をどう作るかという都市プランとも関係し、自然地形をどう取り込むかも重要な要素となってくる。

第３段階　経始（縄張）

一般には「縄張」とよんでいる。経始（縄張）は、城の平面プランのことで、実際に縄を張って作業を進めたことからこの名が付いた。曲輪の配置と合わせ、どこに堀を設けるか、城の出入口となる虎口をどのように配置するかも重要であった。

第４段階　普請

土木工事のことであり、曲輪の造成、堀や土塁、石垣の構築などを行う。ふつうは領内の領民を人夫として徴発して進められた。

第５段階　作事

木造の建築工事のことで、天守や御殿、櫓や門などの建造のこと。戦国時代の後半には、城そのものが権威の象徴として位置づけられるようになり、作事の位置づけも大きくなっていった。

三日月堀の手法がみられるのである。

なお、豊臣秀吉の軍師として知られる黒田官兵衛も縄張名人であった。築城名人といわれる加藤清正、藤堂高虎の二人については、あとでふれる普請・作事のところでくわしくみることにしたい。

城を守るために用いられた呪術

戦国大名の城というのは、当時の最先端の技術を使って築かれるわけであるが、用いられるのは技術だけではない。戦国大名たちは磐石な城を築くために、目に見えない呪術的な力も重視していた。さきにみた築城のプロセスにおける第一段階の地選、ないし第二段階の地取において陰陽道《おんみょうどう》が関係していたのではないかといわれている。ここではまず、陰陽道の「四神相応《しじんそうおう》」についてみておきたい。

太田道灌の江戸築城のことにふれている『関東合戦記』(『続群書類従』二一輯

上）に次のような記述がある。

此地平城の地なれ共、地上りして四辺を見下し、東西に山もなく、南方入海有て、品河よりつゞき、諸国運送の便もよし、左青龍、右白虎、四神相応の地と云つべし。余り此地勝れたればとて、則良辰を撰み、要害を建立ある。

つまり、太田道灌は江戸城築城にあたって陰陽道のいう「四神相応」の地であることを考慮したという文脈である。

私は、当初これは『関東合戦記』の作者が創作したものと考えており、「四神相応」などなかったと判断していた。ところが『甲陽軍鑑』の「甲州流城取之事」に、築城の適地として、「北たかく南ひきく」とあり、しかもそれは平安京がそのようになっていたからとも記されており、戦国大名も「四神相応」を意識した選地をしていたことを知った。

四神とは、東西南北の四方を守る神のことで、東は青龍、西は白虎、朱雀は南、北は玄武が司るとされる。陰陽道では、東に流水があり、南に汀地《ていち》があり、西に大道があり、北に丘陵がある地相を「四神相応」とよび、理想的な土地としている。たとえば長らく繁栄した平安京も、東に鴨川、南に巨椋池《おぐら》、西に山陽道・山陰道、北に船岡山があり、まさに「四神相応」の地になっているのである。

また、陰陽道の影響を受けたものとして、城の本曲輪や二の曲輪などの一部を変形させている例がある。隅欠け（口絵6ページ参照）などといっているが、これは陰陽道のいう鬼門封じである。鬼門除けともいっているが、悪鬼が出入りする艮《うしとら》の方角、すなわち東北の隅に細工をしていることが多い。また、艮の方角の土塁上に神社を祀っている城も少なくない。

なお、城内に神社を祀っていることも呪術と関係していた。城が築かれる場所には、その土地本来の地主神《じぬしのかみ》があり、そのまま祀ることもあれば、今日の地鎮祭にあたる鍬立てが行われることもあった。各地の城に伝わる人柱伝説もそれに関係するが、城跡の発掘調査からは人柱と思われる人骨の発掘事例はない。

ただ、人形《ひとがた》はいくつもの城で見つかっているので、人身御供として、人間の代わりに人形を埋めたという想像もできる。城によっては輪宝を墨書した土器皿も出土しているので、人形や輪宝を埋めた行為が、いつしか人柱伝説となって語りつがれたという可能性もあるだろう。

発掘調査によって、「蘇民将来子孫《そみんしょうらいしそん》」や「急々如律令《きゅうきゅうにょりつりょう》」の呪符や護符も出土しており、また「臨兵闘者皆陣列在前」の九字をあらわした「九字切」の例もあるので、城と呪術は深く結びついていたことがわかる。

その点で注目されるのは、城内に祀られている神社の存在である。小さな祠程度のものから立派な社殿が建てられているところまであり、城によっては一つの曲輪になっていて、神社の名前が曲輪の名称になっているところもある。北条氏の本城小田原城には弁財天を祀った弁財天曲輪があり、その支城の韮山城には熊野権現を祀った権現曲輪がある。また、城内に祈禱櫓という名の櫓があるところもいくつかみられる。

石垣にも呪術的要素がみうけられる。城の虎口、目立つところにひときわ大きな石が積まれていることがある。これは鏡石といって、ふつうは「大きな石で築城者の力の大きさを誇示するもの」、つまり、相手を威嚇するためのものとされているが、鬼の出入りを防ぐ、すなわち魔除けの意味も込められたとされている。

そして、近年、特に注目されるようになったのが猪目石《いのめいし》である。猪目も、以前から武具の彫り物などにみられ、魔除けとされてきたが、城の石垣からハート型をした猪目石が続々と発見されている。

なお、石垣に、ふつうの石にまじって、墓石や五輪塔、あるいは宝篋印塔《ほうきょういんとう》の台石などが積まれているのを目にした方もいるのではないかと思われる。少し前までは、大急ぎで城を築いたので、石が不足し、近くの寺などから石塔類を運ばせたと理解されてきた。

さらには、宣教師のルイス・フロイスがその著『日本史』の中で、「建築用の石が欠乏していたので、彼は多数の石像を倒し、頸に縄をつけて工事場に引かしめた。都の住民はこれらの偶像を畏敬していたので、それは彼らに驚嘆と恐怖（の念）を生ぜしめた。領主の一人は、部下を率い、各寺院から毎日一定数の石を搬出させた」と記している。

これは、永禄十二年（一五六九）の織田信長による足利義昭のための二条城築城場面の記述なので、ここにみえる「彼」は信長のことである。こうした記述もあって、いわゆる「戦国無頼」として語られることが多かった。

ところが、こうした転用石の積まれ方が多くの場合、石が逆さまに積まれていたのである（口絵5ページ参照）。大和郡山城の「逆さ地蔵」は、まさに地蔵が逆さに積まれており、逆さに積むことに意味があると考えられるようになってきた。これは、民俗学のいう「けがれの逆転」で、むしろ石塔を逆さに石垣として積むことで、城が磐石になることを願ったものと解されるのである。

戦国城下町の成立

ここまで戦国時代の城についてみてきたが、城とセットになる城下町についてみておきたい。織田信長の時代から兵農分離が進むが、それ以前の城下町は近世の城下町とはかなりちがっている。それを特に戦国城下町とよんでいる。

戦国城下町の成立という点で注目されるのは、越前の戦国大名朝倉氏の初代に数えられる朝倉孝景による城下町一乗谷である。孝景は家訓『朝倉孝景条々』という十七ヵ条を残しているが、その第十五条に「朝倉館の外、国の中に城郭を構へさせ間敷候。惣別分限あらん者、一乗谷へ越され、其郷其村には、代官百姓等ばかり置かれ候べき事」と書かれている。要するに、家臣団の城下への集住を命じているのである。

ただ、ここで注意しなければならないのは、全家臣の城下集住策ではないことで、兵農未分離の段階だということを頭に入れておく必要がある。ここにみえるように、対象は「分限あらん者」、すなわち大身の侍に限定されている点である。事実、一乗谷の発掘調査によっても、城下の武家屋敷は重臣たちに限定されていたことがわかり、これは、同時期の戦国城下町に共通していたものと思われる。

では、当時の戦国城下町はどの程度の人口集中があったのだろうか。どのくらいのにぎわいがあったのか。守護大名から戦国大名になった周防大内氏の城下町山口は、弘治三年(一五五七)の『イエズス会士日本通信』に「人口一万を超えたる市」と報告がある。

同じく守護大名から戦国大名化した駿河の今川氏の城下町駿府の場合、京都の公家三条西実隆の日記『実隆公記』によると、享禄三年(一五三〇)三月三日条に、駿府で火事があり、「二千余軒回禄」とあり、一度の火事で城下の家二〇〇〇軒が焼失したことを伝えている。人口について記しているわけではないので、人口そのものはわからないが、二〇〇〇軒焼失したということは、やはり人口一万人くらいはいたのではないかと思われる。

時代はかなり下るが、豊後の戦国大名大友氏の城下町豊後府内については、天正十年（一五八二）の『イエズス会日本年報』に「府内の市は約八千人の住民を有し」と記され、やはり一万人近くの人口を擁していたことがわかる。戦国大名の主要城下町にはかなりの人口集住があったことがうかがわれる。

その場合、全家臣の城下町集住ではないので、武士は上級家臣に限られており、主となるのは商人・職人の集住ということになる。ただ、城下町によっては、常設店舗ではなく、六斎市に象徴的な、市日ごとの商売だったものと思われる。それが次第に常設店舗となり、さらに近世城下町へと発展していくことになる。

用語解説○虎口《こぐち》

城の出入口のことで、敵が大勢で一遍に侵入するのを防ぐため、小さくつくったことから、本来は小口と書いたものと思われるが、わざと虎口という字を使うようになったのは『武家名目抄《みょうもくしょう》』という本に、「城郭陣営の尤《もっとも》要会なる処を、猛虎の歯牙にたとへて虎口といふなり」とあるように、虎の歯牙によって城の出入口を守るという意味合いが付加された。

初期の段階の虎口は「平入り」や「平虎口」とよばれるシンプルなものであったが、やがて直進して入ることができないように屈曲を設けた喰い違いになる虎口が採用されるようになる。敵が侵入してくるとき、一度、右に曲がるようにしたものを「順の虎口」という。それは、当時の武士も右利きの者が多く、守る方は敵の左側をねらって槍をくりだしたり、鉄砲や弓矢を射たりしたからである。逆に、左に曲がるように設けた虎口は「逆の虎口」という。

虎口

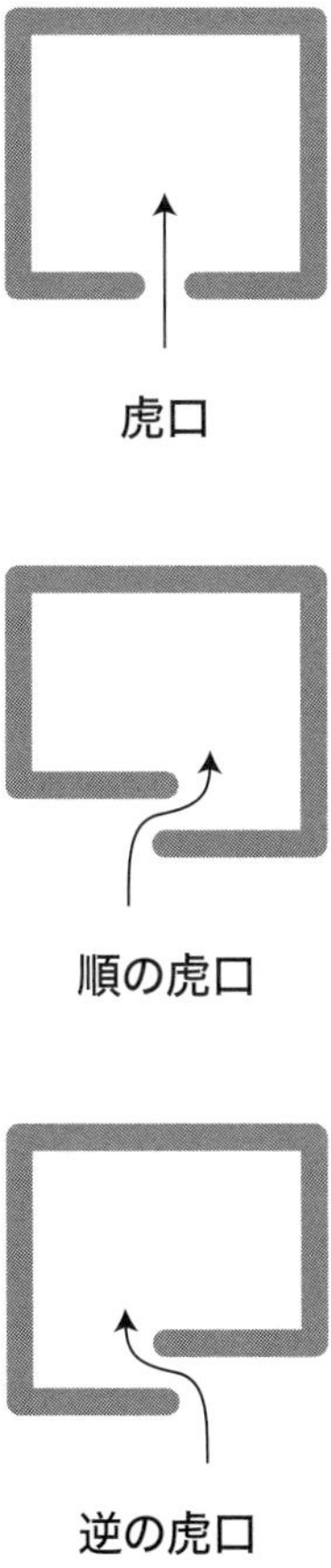

用語解説○馬出《うまだし》

城の虎口の外側に築いた小さな曲輪で、虎口から出撃していく兵や馬の様子を敵から隠す目的で設けられた。また正面だけでなく、側面から攻撃するねらいもあった。あわせて敵が虎口にまっすぐ入って来られないようにするしかけでもあった。

初期の段階では、虎口の前に土塁を平行に一本設けるだけで、これを一文字土塁などとよんでいるが、その一文字土塁を湾曲させ、三日月状にしたものが丸馬出であり、角ばった形に屈曲させたものが角馬出である。

基本的にはこの三種類だけであるが、実際の戦国の城をみると、さらに工夫がこらされていて、丸馬出を二重にしたものも出現する。これを「二重馬出」や「重ね馬出」とよんでいるが、城によっては三重の馬出という場合もあった。

馬出

馬出

丸馬出

角馬出

用語解説◯横矢掛り《よこやがかり》

城を守るとき、塁線が一直線だと、正面の敵しか攻撃できない。そこで塁線を屈曲させ、二方向から弓や鉄砲で攻撃できるよう工夫したもの。側面から攻撃するため、横矢掛りとよばれている。

江戸時代の軍学者は、横矢の種類を、塁線の折れ方および突出の程度・形状から、出隅《ですみ》・入隅《いりすみ》・雁行《がんこう》・合横矢・横矢枡形・横矢隅落《すみおとし》・屏風折《びょうぶおれ》・横矢邪《ひずみ》などに分類している。

最も一般的なのが、塁線の隅角部を内側に折り曲げた形の入隅と、外側に突出させた出隅で、ついで多いのが屏風折である。これは、塁線を鋸《のこぎり》の歯のように、三角形の突起状の折れを設けたもので、ちょうど、屏風を立てた形状に似ているのでその名がある。いずれも横から攻撃ができるしかけとなっている。

横矢掛り

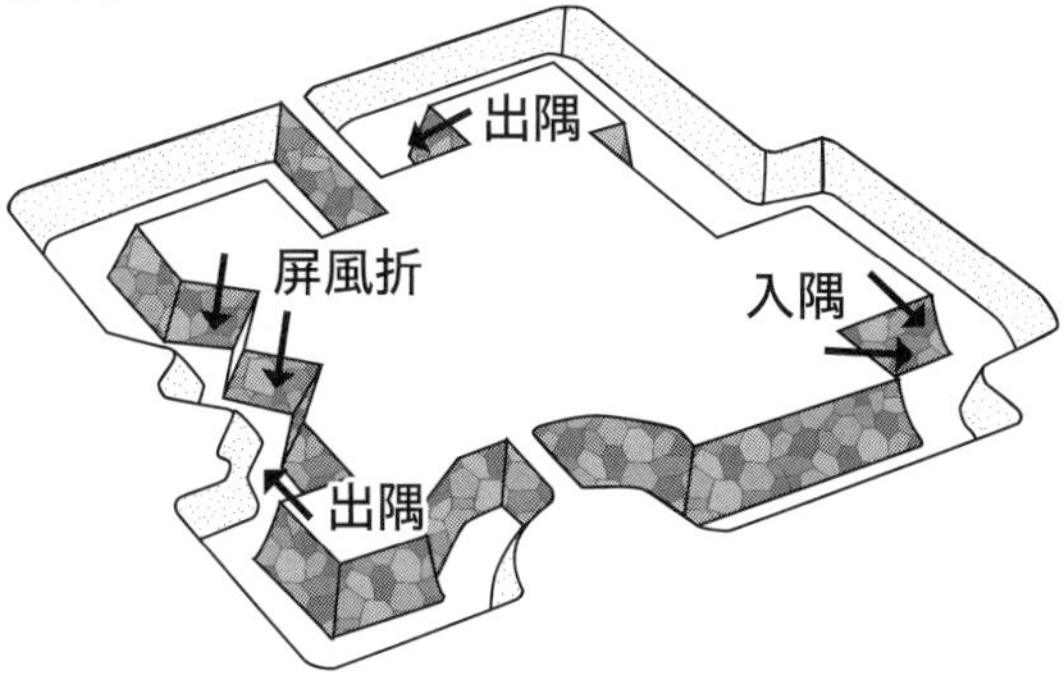

加藤理文著、小和田哲男監修『よくわかる日本の城　日本城郭検定公式参考書』所収図をもとに作図

用語解説○枡形《ますがた》

虎口の一種なので、枡形虎口ともいう。字は桝形とも書く。枡形の語源は、空間が枡のように四角くなっているからである。城の外に突出した枡形を外枡形といい、反対に、城の内側につくった枡形を内枡形といっている。

これは、二つの城門を設けることで、敵の侵入を防ぐしかけである。ふつう、二つの門は城外に近いところの門が高麗門《こうらいもん》で、城内側の門は櫓門となっている。枡形内部に侵入した敵は三方から攻撃を受ける形となっている。

枡形の構築目的はそれだけでなく、攻撃に出るときの場所としても使われていた。そこが兵の集合場所となり、そこから城門を開けて一気に外の敵に攻めかかるためにも使われていた。

枡形

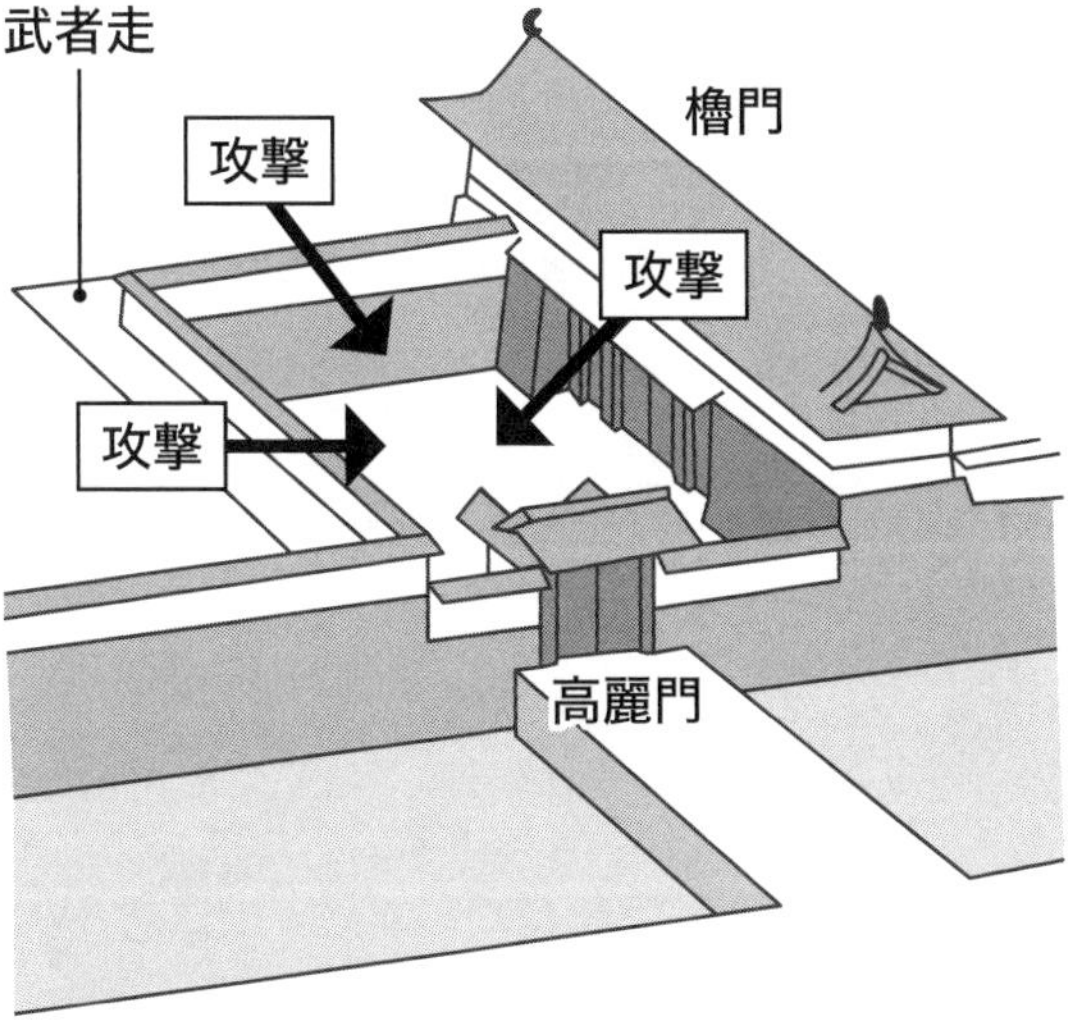

用語解説○惣構《そうがまえ》

城の部分だけでなく、城下町も包みこむ形で土塁や堀などによって囲んだもので、字は総構とも書く。意味合いとしては中国の都城と同じであるが、わが国では戦国期の城にみられる。

一番有名なのが戦国大名北条氏五代の居城だった小田原城で、北条氏は豊臣秀吉の小田原攻めを前に、城と町を包みこんだ惣構を構築している。小田原城大外郭ともよばれ、総延長は約九キロメートルに及んでおり、堀を掘り、掘った土を土塁としているので、斜面としては一〇メートル以上となる。そのため、秀吉の小田原攻めのときには、二十一万とも二十二万ともいわれる秀吉軍も、とうとう小田原城内に攻め込むことはできなかったのである。

そのあと、秀吉も惣構の威力を評価し、大坂城の三の丸の外にわざわざ惣構を築かせている。

惣構

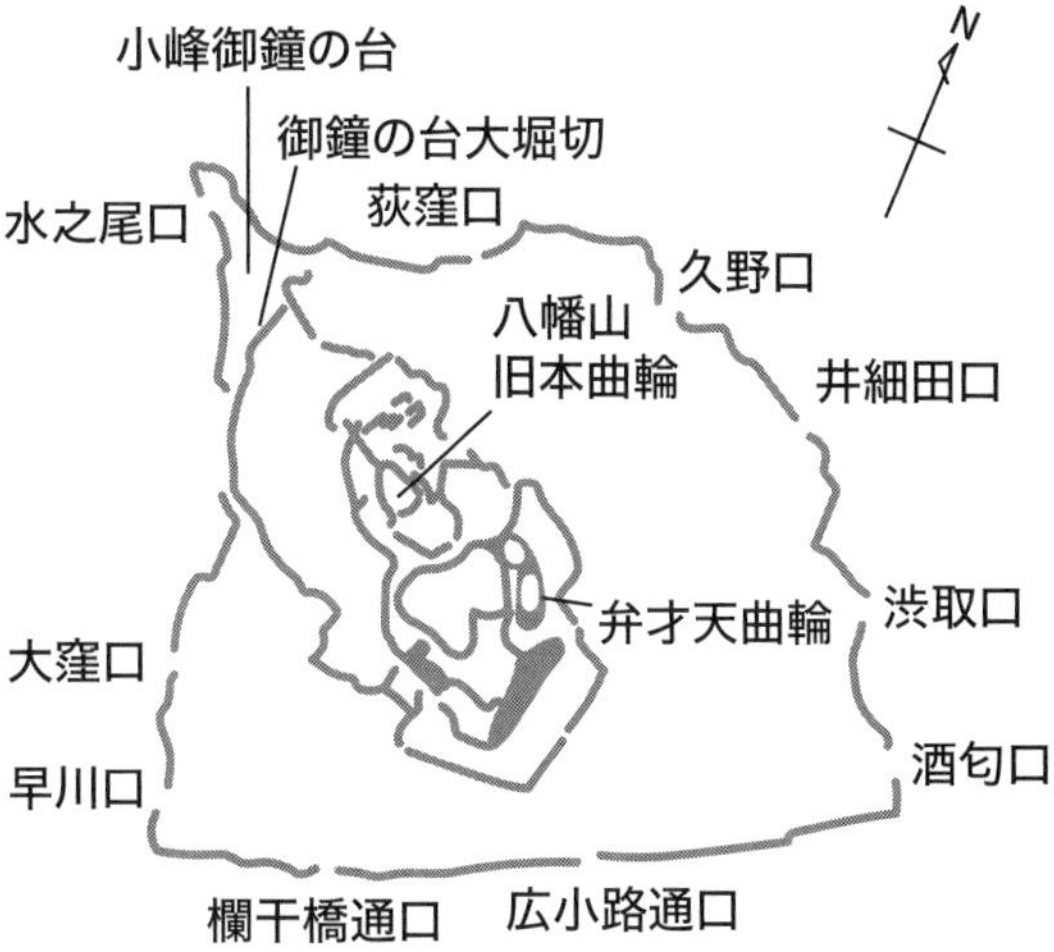

小田原城と大外郭
出典：小和田哲男著『戦国の城』（学研新書）

第4章

織豊期の城

土塁の城から石垣の城

第3章の築城プロセスのところで、第一段階の地選、第二段階の地取、第三段階の経始、すなわち縄張のところまで説明し、第四段階の普請、第五段階の作事の二つはあとまわしにしたので、この二つが顕著にみられるこの「第4章　織豊期の城」のところで解説したい。普請も作事も織田信長、豊臣秀吉の時代に飛躍的に発展するからである。

普請という言葉は、たとえば「安普請」などといい建築の意味にも使われるが、「道普請」などの言葉が示すように土木工事のことであり、作事は木造の建築工事で、使い分けをしている。堀を掘ったり、土塁を築いたり、石垣を積んだりするのが普請なので、まず、普請からみていきたい。

普請は、ふつう領内の領民を人夫として徴発して進められる。領民にとって、それが領主に払う年貢とともに人夫役、あるいは人足役という形で負担しなければならない労働課役だったからである。

たとえば、摂津の国人領主瓦林《かわらばやし》正頼は、永正八年（一五一一）、敵が芥川の北に山城を築き、連日連夜三〇〇人ないし五〇〇人の人夫で普請しているのに対抗し、鷹尾城という城の普請をはじめたが、そのとき鷹尾城側の人夫は五〇人から一〇〇人程度だったことが『瓦林正頼記』（『続群書類従』二〇輯上）からわかる。そこには、「毎日五十人百人シテ堀ヲホリ、壁ヲヌリ、土居ヲツキ、矢倉ヲ上ケレハ、鍛冶、番匠、壁塗、大鋸引更ニヒマコソナカリケリ」と記されている。

普請で大きなウエイトを占めるのは堀である。堀は大きく空堀《からぼり》と水堀に分かれるが、水堀の場合は濠の字が使われることもある。近世の平城の場合は、まんまんと水をたたえた水堀が城の象徴ともいうべき光景となっているが、戦国の山城はほとんどが空堀である。

何となく、水を張っていない空堀など、敵がやすやすと通ってしまうのではないかと考えるが、現在みることのできる空堀は戦国時代あるいは織豊期の空堀そのままではないことに注意が必要である。現状で六メートルほどの深さの堀が、発掘調査の結果、四メートルほど埋まっていたという例もある。一〇メートルの堀を上がるのは至難の技である。

さきに犬居城のところでみたように、堀切や横堀、竪堀などいろいろあり、また、北条氏独特の障子堀の手法などもあっておもしろい。竪堀では、竪堀を何本も並べて掘る畝状空堀群とか畝状阻塞《そさい》などとよばれるものもあった。また、掘り方もいろいろで、底の部分が平らな箱堀もあれば、底の部分がV字型をした薬研《やげん》堀もあり、片カナの「レ」の字をしたような片薬研堀もあった。珍しいところでは毛抜堀といってU字型のものもあり（32ページ参照）、堀もあるなどれない。

なお、堀はふつう掘りっぱなしが多いが、中には、堀底に乱杭《らんぐい》が埋めこまれている例もある。戦国大名北条氏の本拠小田原城の発掘現場から、堀底に桧や松材を使い、先端をするどく削って尖《とが》らせた乱杭がみつかっている。ほかに、虎落《もがり》や逆茂木《さかもぎ》が堀底に置かれていた例も知られている。

さて、堀を掘った土を城の内側に盛り上げたものが土塁である。さきの『瓦林正頼記』に「土居ヲツキ」と出てきた「土居」は土塁のことである。土塁は低いものもあったが、たいていは三メートル以上あった。堀が実際いま目にしているものより深かったのと同様、土塁もいまは三メートルほどでも、当時は五メートルほどあったと考えられている。四〇〇年、五〇〇年の歳月を経て、土砂が堀底へ流れて埋まってしまったからである。

どうして五メートルほどあったといえるかといえば、当時の槍の長さと関係していた。戦国時代の槍は「三間柄《え》」や「三間間中柄《まなか》」といわれ、三間から三間半という長さだった（一間は約一・八メートル）。城兵たちは、それを横にしてもつと仲間を切ってしまう恐れがあるので、常時、立ててもっていた。つまり、城外から、そこに城兵がいると見破られないよう、目隠しとしての役目も土塁はもっていたのである。土塁を三間、すなわち五・四メートル以上の高さにするのはそのためだったのである。

しかし、実際問題、五メートルを超す土塁を盛るのは大変で、土塁は三メートルないし四メートル程度とし、その上に塀や柵を設けることも行われている。発掘調査で、土塁の上に柱穴や柵列がみつかることが結構ある。前述の『瓦林正頼記』に「壁ヲヌリ」とあったが、土塀の壁を塗ったのではないかと思われる。その塀に、丸や三角、四角の穴が切り抜かれ、鉄砲用の銃眼が鉄砲狭間、弓矢用の狭間が矢狭間とよばれ、総称して狭間といっている。

ところで、土塁の関係で、横矢、折《おれ》、邪《ひずみ》といった城に関連する用語があるので、ここであわせてみておきたい。横矢は横矢掛《よこやがか》り（104ページ参照）ともいわれ、土塁などの塁壁に凸凹を設け、塁壁に接近してきた敵を横から鉄砲や弓矢で攻撃するために工夫して作られたしかけである。すでにみたように、当時の槍は長いので、接近戦の場合には、城内から槍をくり出すことができる。「横槍を入れる」というのがそれであり、弓矢にしても鉄砲にしても、塁壁を一直線にしたのでは、横矢は不可能である。

折と邪はこの横矢の変形といってよい。曲輪のまわりに土塁をめぐらせる場合、一番簡単なのは方形にすることである。しかし、それだけだと四隅が直角になり、ある一辺ならその一辺の前の敵の状況しかみえなくなる。そこで、わざと屈曲を作って、できるだけ死角をなくす工夫が必要となる。折は、屈曲をはっきりさせたもので、邪は、塁線を斜めにしたり、カーブをつけた形で築いたものである。

以上、土塁の城をみてきたが、戦国時代の後半、織田信長が登場してきたころから石垣の城が出現する。そこで次に石垣についてみていきたい。

その前に、石積と石垣のちがいについて少しふれておこう。石積はただ石を積みあげただけなのに対し、石垣は、裏込石、すなわち栗石《ぐりいし》が使われているので、そのちがいで区別するのが一般的である。城郭考古学者の中井均氏は、素人でも積めるのが石積み、プロの石工でなければ積めないのが石垣であるといっているが、この考え方もおもしろい。

石垣の城の出現がいつかというのは厳密にはわかっていない。今後、石垣の編年研究が進めば解明できるかもしれないが、現時点では断言することはできない。少なくとも、南近江の戦国大名六角氏の居城だった観音寺城の石垣は、織田信長に先行するものだということは指摘されている通りである。

六角氏は近くの百済寺《ひゃくさいじ》や金剛輪寺《こんごうりんじ》などの寺院において、坊などの区画に石垣が用いられており、それを城の曲輪造成に応用したといわれている。近江に、寺社のそうした石垣造成にかかわる石工集団がいたことが決定的な意味をもっていたといえる。

また、最近の発掘調査によって、織田信長の岐阜城に先行する斎藤道三の稲葉山城の時代に石垣が積まれていたことが明らかになり、さらに、斎藤道三以前、美濃守護だった土岐頼芸《よりのり》の居城大桑《おおが》城にも石垣がみつかっており、信長以前の石垣について新しいことが次第に明らかになりつつある点は注目してよい。

その信長と石垣の関係についても、少し前までは、信長が永禄十年（一五六七）に斎藤氏の居城だった稲葉山城を落とし、そこを岐阜城とした時点で石垣の城を築きはじめたとされてきたが、近年の小牧山城の発掘によって、すでに永禄六年(一五六三)からはじまった小牧山城にも石垣が積まれていたことがわかり、通説は書き改められつつある。

ところで、石垣積みのプロというと、穴太衆の名前があがってくる。穴太と書いて「あのう」と読ませるのは難読地名の一つに入るであろう。現在の滋賀県大津市坂本穴太町で、もともと穴太は大和の穴穂から出た地名といわれているが、近江の穴太にも景行天皇を祭神とする高穴穂神社が祀られている。

この穴太の地は、墓石や五輪塔などの製作に巧みな石工が集まり住み、石塔師などとよばれる一団が居住していた。なぜ、穴太にそうした集団ができあがったのか。穴太の位置から考えられることは、そこが比叡山の麓であり、比叡山の寺院の坊舎の石垣、さらには墓石や五輪塔を作るようになったからであろうといわれている。一説には、穴太衆は、横穴式古墳の石室づくりを行っていた朝鮮系渡来人の子孫ともいわれている。従来、信長の安土城の石垣を中心的に築いたのがこの穴太衆といわれてきたが、異論も出されている。なお、穴太積みの技法がよく見られるのが、「天空の城」として人気の高い竹田城（兵庫県朝来《あさご》市）である（口絵4ページ参照）。

石垣に用いられる石は固いことが求められており、当然、軽石だとか砂岩などの軽く持ち運びの容易なものは使われていない。もっぱら、火山岩系の安山岩・石英斑岩、深成岩系の花崗《かこうがん》岩などで、特に安山岩と花崗岩が用いられていることが多い。たいていは築城地の近くから切り出されるが、秀吉や家康の段階の天下普請となると、かなり遠くから運ばれるということもあった。大坂城の石が瀬戸内海の小豆島から運ばれ、江戸城の石が伊豆半島から運ばれていたことは有名だ。

現地の石切場で石を切り出す際にある程度の大きさにするわけであるが、それを運ぶのも一苦労だった。現在のように重機などがない時代なので、すべて人力によることになるが、たとえば、石垣に用いられている標準的な石の中でもやや小ぶりと思われる三〇センチ角くらいの小さな石でも重さは七〇〜八〇キログラムほどあり、一人で運ぶのはむずかしく、二人がかり、ないし四人がかりで運ぶことになる。綱で石を結《ゆ》わえて棒に吊るし、二人がかりでかついだり、前二人、後二人、合わせて四人で運んだりしていた。

小ぶりの石はこのようにして運んだが、鏡石など巨大な石は吊って運ぶのはむずかしく、丸太を何本も並べて転がしたり、さらに大きな石の場合は、修羅《しゅら》とよばれる木の橇《そり》を作ってやはり丸太の上を転がすといった手法がとられていた。

城跡を訪れた際、石垣の積み方がいろいろだということに気づかれた方が多いと思われる。そこで、石垣の積み方のちがいについてみておきたい。信長が築いた安土城やその先駆となった六角氏の観音寺城の石垣をみると、隅の部分、これを隅角部《すみかどぶ》といっているが、そこだけ四角く加工してあり、それ以外のところは自然石のままか、自然石が大ぶりであれば手ごろな大きさに割っただけの状態でそのまま積んでいる。このように石をほとんど加工せずに積んでいく方法を野面《のづら》積みという。石垣を積むという築城法が出現した戦国時代の城はたいていこの野面積みが使われている。

野面積みは、自然石をそのまま使うため、どうしても石と石との間に隙間ができる。そのため隙間に小さな石などを詰め込んで形を整えるのだが、実はこの隙間がよい効果をもたらしてくれる。通水性があり、石垣の裏側の土の部分にしみこんだ水が外に排出されやすく、通水性のある頑丈な石垣になるのである。また、野面積みの石垣は荒削りな印象の見た目になるが、後述の近世城郭に多くみられる打込ハギや切込ハギより野面積みの方が野性的な美しさがあるという声もあり、「野面積みの方が好きだ」という人も少なくない。

石垣の二つ目の積み方は打込ハギである。自然石には丸みや角があってそのままでは積みにくく、安定感がない。そこで、自然石を叩いてある程度加工して積んでいくのが打込ハギである。ちなみに、「ハギ」は「接《は》ぎ合わせる」の意味で、「打込接」「切込接」と書かれることもある。

三つ目の切込ハギは、石材をさらに加工して積みやすく整形し、目地《めじ》を揃えな

石垣の積み方三類型

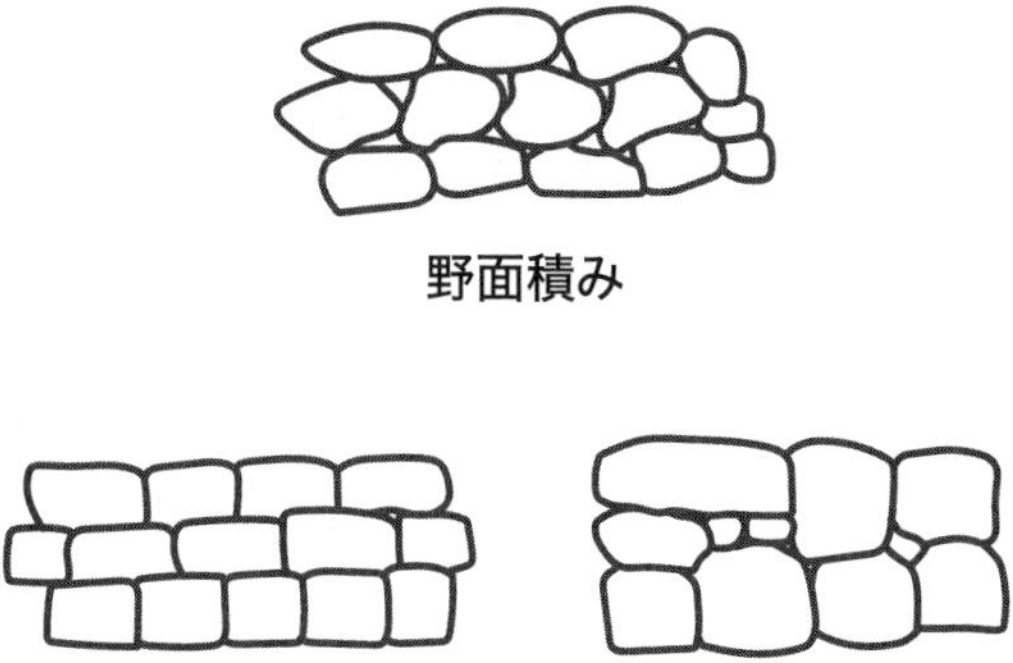

出典：小和田哲男著『戦国の城』(学研新書)

がら積んだものである。当然のことながら、見た目が一番きれいに仕上がるのはこの切込ハギである。

　主流の積み方は時代とともに移り変わり、戦国期は野面積み、織豊期は打込ハギ、近世は切込ハギとなる。なお、近世の城でも、打込ハギと切込ハギの両方を使っているものもある(口絵6ページ参照)。

　石垣の積み方でもう一つ押さえておきたいのが、野面積みの一種である牛蒡《ごぼう》積みである。これは牛蒡のような胴長の石を積む手法で、非常に強固な石垣を築くことができる。城の石垣は外面しか見えないためわかりにくいが、牛蒡積みの石垣の石は、表に出ている部分よりも、奥に埋め込まれている部分の方が多いのだ。対して、近現代の石積みは、見栄えをよくするためにタイルを貼るように石を積む。城の石垣が近現代の石垣よりも強く、四〇〇年、五〇〇年たった現在でも平然と当時の姿を保っている理由の一つがこの牛蒡積みである。

築城者が力を入れた櫓

普請の次は作事についてみていこう。天守や御殿、櫓や門などの建造物を作る作事には木材が大量に必要となるため、基本的に作事は普請と同時進行で進められる。木材は、伐ってすぐに加工して使うと反《そ》りが出たりするので、伐った後に乾燥させたり水につけたりと時間がかかる。そのため普請と同時期にはじめなければならないのだ。

戦国時代の前半は、城の堅牢さに重きが置かれていたため、どちらかといえば、作事より普請の方が重視される傾向があったが、戦国の後半、織豊期になると、城の建造物には権威の象徴として大きさや豪華さなども要求されるようになり、作事の位置づけも上がっていった。

作事の花形ともいえるものは天守であるが、これは後まわしにして、まず、櫓と門についてみていこう。櫓は矢倉とも書かれるように、語源的に武器庫だったことがわかる。もっとも、単に武器庫として使われただけでなく、戦時には物見櫓という形で展望台ともなった。形態の上からは、門の上に築かれる櫓門、石垣あるいは土塁上の隅櫓《すみやぐら》がある。隅櫓は字の示す通り、曲輪の隅に築かれたもので、角《すみ》櫓の字が使われることもある。

隅櫓の一種が多聞《たもん》櫓である。これはただ曲輪の隅に築かれるというだけでなく、石垣上あるいは土塁上にかなり桁行《けたゆき》の長い構造をしたもので、櫓本来の役目とともに塀の役目も果たしていた。この多聞櫓は松永久秀が築いた大和の多聞山城にはじめて築かれたのでその名があるといわれている。

ほかに、渡櫓というものもあった。これは、櫓と櫓をつなぐ櫓で、内部は廊下として使われていた。なお、多聞櫓・渡櫓は単層がふつうであるが、隅櫓の場合は、二層・三層と高いものがあり、それぞれ、二重櫓、三重櫓の名前でよばれる。

ところで、櫓は以上のような形態の上からの分類のほかに、用途などによってさまざまな名前がつけられることがある。そのいくつかを紹介しておこう。

珍しいところでは、人質櫓（福山城）というものや、天神様を祀った天神櫓（松山城）といったものがあり、一般的なものとしては、水の手櫓、井戸櫓、台所櫓、着見櫓《つきみ》などがあった。

また、これは近世に入ってからであるが、城の軍事的役目が後退するとともに、城は城主を中心とする人びとの日常生活の場になったため、平和な時代を象徴するような遊楽を目的としたものもあらわれる。月見櫓・花見櫓・雪見櫓・涼《すずみ》櫓などである。

次に城門をみておこう。城の攻防においては当然ながら城門に兵が殺到し、ここを守り切れるかどうかで攻城戦の勝敗が決まる非常に重要な場所である。

城門は、位置によって大手門と搦手《からめて》門の二種類にわけられる。簡単にいうと大手門は正面入口、搦手門は裏口の門である。大手門は城の正門なので、城の顔という意味合いもあり、堅牢なだけでなく、見た目も豪華に作られているものが多い。また、特に戦国時代の城などでは、大手門の向きから、どの武将を脅威に感じていたかがうかがえることもある。

戦国の城門は木製がほとんどだが、織豊期から近世の城には、銅製の扉がついた銅門《あかがねもん》や鉄製の扉がついた鉄門《くろがねもん》（黒金門）がよくみられる。扉全部が銅や鉄でできているわけではなく、木製の扉に薄い銅板や鉄板を貼りつけた作りだが、木製の扉よりさらに堅牢である。

門の形態もさまざまで、たとえば冠木《かぶき》門、高麗《こうらい》門、四脚《しきゃく》門などがあげられる。冠木門は最もシンプルな門で、二本の柱の上に、一本の木を通しただけの形である。

高麗門は両脇にある二本の主柱に切妻屋根が載る形になっていて、倒れないように控柱《ひかえ》が二本ついている。

四脚門は、名前の通り四本の主柱を持つ門で、主柱の上には高麗門と同じく切妻屋根が載る。

他には、高麗門を変形させた薬医門《やくい》というものもあり、主柱と控柱の上にそれぞれ屋根を載せた形になっている。

ところで、近世の城の場合、城門全体が枡形《ますがた》の形をとることが多くみられる。枡形そのものはすでにみたように戦国期の土の城にもみられるが、織豊期から近世には門を使ってさらに堅固な虎口として築かれている。多くの場合、外に面した外門が高麗門で、内に面した内門が櫓門形式となり、二つの門は直角である。

つまり、外から敵が直進して城内に入れないしくみとなっている。

また、この枡形は出撃するときにも使われており、出撃する場合は、外門を閉じて内門を開き、枡形内に兵を入れた上で、内門を閉じ、外門を開いて外に打って出るというしかけである。「五八の枡形」などといって、横五間、縦八間、すなわち四〇坪を標準としたという。実際、現在みることのできる枡形の多くは大体その広さである。

天守の登場とその役割

織豊期から登場してくるのが天守である。まず、天守はいつから出現してくるのかについてみておきたい。なお、ふつう天守閣といいならわしているが、織豊期および近世の史料には「天守閣」とは出てこない。「天守」ないし「天主」なのである。天守閣というようになったのは近代に入ってからなので、ここでは天守と表現しておきたい。

城郭関係の本では、少し前まで、天守・天主の文献上の初見は『細川両家記』

に記された摂津伊丹城の「天守」であるとするのが通説であった。それは信長の出現よりはるか前の、永正十七年（一五二〇）のことである。しかし、比較的写本年次の古い良質の『細川両家記』にて、「天守」ではなく「しゆてん」とあったことが判明し、「天守」ではなく「主殿」だったことが明らかにされた。そのため、通説の永正十七年伊丹城天守初見説は、否定されることとなったのである。

伊丹城に続いて、尾張の楽田《がくでん》城に永禄年間（一五五八〜七〇）、「天守」があったといわれてきた。これは『遺老物語』という史料に拠ったものであるが、その後の研究で、これも五間×七間の櫓にすぎなかったことが判明し、伊丹城と同じく楽田城も否定されている。それでは、天守・天主の出現はいつからと考えればよいのだろうか。

永禄十年（一五六七）八月、織田信長が斎藤龍興を逐ったあと、自分の居城とした岐阜城に「四階御殿」を建てさせていたことは、ルイス・フロイスの『日本史』に書かれており、それが「天主」のはじまりと考える建築史家は多い。たしかに、足利将軍家に代わって天下に号令しようと考える信長が、三代将軍足利義満の建立した三層の金閣を凌駕する四層の建物を城の中に建てさせた可能性はあるように思われる。この岐阜城の「四階御殿」、すなわち天主が、さらに階をふやして安土城の天主につながったとする見解もあるが、文献史料を丹念に追っていくと、年代的にみて、岐阜城と安土城の間に、いくつかの天主が存在する城が確認できるのである。

一つは、信長が足利義昭のために築いた二条城で、そこに天主のあったことが、『元亀二年記』および『兼見卿記』によってうかがわれる。また、その『兼見卿記』には、明智光秀の坂本城に、元亀三年（一五七二）、天主があげられたことがみえる。ほかに、年代ははっきりしないが、少なくとも信長の安土城築城以前だということが確実な細川藤孝の勝龍寺城にも「殿守」があがっていたことが知られている。

信長は天正三年（一五七五）十一月二十八日、それまでの居城だった岐阜城を長男信忠に譲り、ひとまず城外の佐久間信盛の屋敷に入った。そして翌年正月中旬より、佐和山城主丹羽長秀を普請奉行に命じ、安土城の築城に着手している。天主の内装まで含めた全工事は、天正九年（一五八一）九月までかかったと考えられており、実に五年余におよぶ大工事であった。

その安土城天主については、太田牛一の著した『信長公記』の「安土山御天主の次第」と『安土日記』の記述からくわしく知ることができる。それによると、一階は十九室で、信長が暮らす十二畳敷きの「御座間」や、同じく十二畳敷きの対面の間、八畳敷きの控えの間などがあった。

二階は十四室で、二十四畳敷きの広間や二十畳敷きの座敷などがあった。三階は畳敷きの部屋が七つ、板敷きの部屋が三つの十室である。また三階には泥壁仕上げの畳敷きの部屋があって、これは茶室だったと思われる。

四階は屋根裏部屋で、四畳半の部屋が二つある。五階は塔の部分にあたり、八角形になっていて、外側には縁・勾欄《こうらん》がめぐっていた。最上層の六階も五階と同じく塔の部分で、五階の四間四方より一回り狭い三間四方で構成されている。また六階も縁がとりまいている。

このように安土城天主は地上が六階あり、地階の石倉を入れると七階で構成されている。四階の屋根裏部屋は外観にはあらわれないので、外観五層、内部七重というういい方をすることが多い。秀吉の大坂城天守にもこのような高層建築が引きつがれることになるが、大坂城の場合は「天主」ではなく「天守」の字が使われ、以降それが一般的となる。

しかしなぜ、織豊期の城・近世の城には天主・天守があるのだろうか。天主・天守を築くことにどういう意味があったのだろうか。

江戸時代の軍学者は、次の十項目を「天守十徳」とよび、これらが天主・天守の役割だとしている。

①城内をみる　②城外をみる　③遠方をみる　④城内武者配り自由　⑤城内の気をみる　⑥守備下知自由　⑦寄手の左右をみる　⑧飛物掛り自由　⑨非常時変化
⑩城の飾り

①〜③、⑤⑦は、天守が展望台のような機能を持っていたことをあらわしている。戦国の城でいえば、井楼櫓《せいろうやぐら》などの物見櫓と同じ役割である。また、④⑥からは、天守の司令塔的な機能がわかる。

⑩以外はすべて戦時を想定した役割ということになるが、ご存知の通り大坂冬の陣・夏の陣を最後に国内で戦いは起こらなくなった。戦いがなければ、天守は飾りとしての役割しか持たないことになる。「築城名人」といわれる伊達政宗や藤堂高虎らが仙台城・津城に天守を築かなかったのは、こういった理由もあるのである。

なお、⑩城の飾りとも関係するが、信長の安土城、秀吉の大坂城などには金箔瓦が葺かれていた。戦う城から見せる城へと変化していったことを物語っている。

城郭史に燦然と輝く秀吉の城

信長のあとを受けて天下人となった秀吉は一生の間にいくつもの城を築いている。その秀吉の築城歴を追いながら、織豊期の城の変遷を追ってみたい。

秀吉と城とのかかわりというと、多くの人は墨俣《すのまた》一夜城の話を連想するのではないだろうか。秀吉出世物語の重要なファクターとなっていることは周知の通りである。永禄九年（一五六六）九月、美濃を攻めあぐねた織田信長が、美濃攻めのための橋頭堡《きょうとうほ》を必要とし、はじめ佐久間信盛に墨俣での築城を命じたが失敗し、そのあと柴田勝家も失敗し、三人目に挑戦した秀吉が、木曾川べりの蜂須賀小六ら「川並衆」の協力を得て、短期間に城を築くことに成功したというものである。短期間でできたことから一夜城の話となったわけであるが、このエピソード、

『信長公記』などの信憑性の高い史料にはふれられておらず、伝えられる通りのことが実際にあったかどうかは疑問視されている。ただ、『信長公記』には「洲俣御要害」があったことはみえるので、秀吉が美濃の斎藤方部将の内応工作をはじめたとき、そこを拠点にしたことは考えられる。

秀吉が次に城とかかわるのは近江横山城（滋賀県長浜市）である。元亀元年（一五七〇）六月二十八日の姉川の戦い後、秀吉は小谷《おだに》城に逃げもどった浅井《あざい》長政を監視するため、信長から横山城の城番を命ぜられている。ただ、城を改築したなどの記録はない。初期の段階で特筆されるのは、そのあとの長浜城築城であろう。

天正元年（一五七三）九月一日、小谷城主浅井長政が自刃し、小谷城攻めの功労者だった秀吉が浅井長政の遺領北近江三郡（伊香《いか》・浅井・坂田）を与えられ、小谷城主となった。いわゆる「一国一城の主」で、これは、明智光秀についで二人目である。そして、秀吉はすぐ、山城の小谷城をやめ、琵琶湖畔に長浜城を築いている。これは新規築城で、城下町づくりにも力を入れたことが知られている。

そのあと、秀吉は天正五年（一五七七）から「中国方面軍司令官」を命ぜられ、播磨の黒田官兵衛の居城だった姫路城を譲られ、対毛利輝元との戦いの前線基地としている。長浜城の城主でありながら姫路城の城主ともなり、注目されるのは、姫路城を石垣の城に造り変え、天守まで築かせたという点である。

これは、秀吉の軍師として知られる竹中半兵衛の子竹中重門が著した『豊鑑』に、「石をたゝみて山をつゝみ、地をうがちて水をたゝへ、やぐらどもをあまた造りつゞけ……」とあるのに続けて、「天守とかやとて、家を組あげて高くそびやかし、門々のかまへきびしく、かはらのいらか軒をならべり」と記されている。秀吉時代の姫路城にも瓦葺きの天守があったことがわかっている。

その後の研究で、近世の天守とは向きはちがうが、ほぼ同じ場所に、東西十間（約一八メートル）、南北八間（約一四・五メートル）の天守台の上に、三重四階の初期望楼型天守が載っていたと考えられている。

なお、秀吉は天正十年（一五八二）六月二日の本能寺の変のあと、山崎の戦いで明智光秀を討ち、清洲会議を経て、山城・丹波両国を手に入れると、山崎の天王山に新しく山崎城を築いている。この山崎城に天守が建てられていたことは吉田兼見の『兼見卿記』にも記されているが、どのような天守だったかは明らかでない。ただ、「天守台」といわれる北側あたりから瓦がみつかっているので、瓦葺きの天守だったことがわかる程度である。

そして、翌天正十一年（一五八三）四月の賤ヶ岳の戦いで柴田勝家を破ると、同年九月一日から秀吉は大坂城築城にとりかかっている。天守が完成したのは同十三年四月のことであった。そのあとも築城工事は続けられている。注目されるのは、毛利輝元が臣従の礼をとったため、毛利氏を天下普請に動員できたことで、瀬戸内海の船を利用し、小豆島の石を大量に切り出すことができた点である。

こうして、秀吉は大坂城を居城とし、朝廷との交渉など、京都に滞在する必要があるときだけ、妙顕寺《みょうけんじ》城を京都の居城としていた。ところが、天正十三年（一五八五）七月、秀吉が関白に任官したため、関白としての職務を全うするために、京都にも本格的な居城が必要となり、そこで築かれたのが聚楽第《じゅらくてい》である。工事は天正十四年二月二十一日にはじまっている。

大坂城の第二期工事と同時併行の形だったので、宣教師の報告によると、秀吉は月の内十日から十五日を聚楽第の工事現場に足を運び、残り十日を大坂城の工事現場で督励していたという。これでみると、聚楽第の方に力を入れていたことがうかがわれる。

このあと、聚楽第は「秀次事件」のあと破壊されてしまうので、地上にその痕跡はないが、東は猪熊《いのくま》通り、西は千本通り、南は下立売《しもたちうり》通り、北は元誓願寺通りで、正方形ではなく、南北にやや長い長方形であった。全体の西北隅の突き出た部分が北の丸で、そこに天守が築かれていた。その天守の形は三井文庫所蔵の「聚楽第図屛風」によってうかがわれ、望楼式の天守であった。なお、聚楽第の遺構として、西本願寺の飛雲閣、大徳寺の唐門などが知られている。

その他、側室淀殿のために築いた淀城や、天正十八年（一五九〇）の小田原攻めのとき、陣城として築いた石垣山城がある。石垣山城も短期間に築いたということで石垣山一夜城の名があるが、臨時の陣城とはいいながら関東ではじめての総石垣の城であった。

このあとも秀吉の城づくりは続き、天正十九年（一五九一）十月十日から朝鮮出兵のための前線基地として肥前名護屋城の築城をはじめている。これは翌年四月にはほぼ完成したというので、そのスピードにはおどろかされる。本格的な天守以下、城門・櫓も多数築かれている。

そして、最後の築城となるのが伏見城であるが、何と、異なる伏見城が二つあったのである。秀吉は天正十九年（一五九一）暮れに関白職を甥の秀次に譲り、聚楽第も譲ったので、はじめは隠居所として、翌文禄元年八月に築城を開始している。当初の構想が隠居所だったことは、『多聞院日記』に「伏見において、太閤隠居城を立つるとて、ことごとしき普請」とみえることからも明らかである。

このときの城は伏見指月《しげつ》城とよばれている。築城途中の文禄二年（一五九三）八月三日に、淀殿が秀吉の二人目の男子拾《ひろい》（のちの秀頼）を産んだことで、この伏見指月城の役割が、隠居城ではなくなったのである。

秀次を牽制する意味もあり、本格的な城づくりとなった。そして、この伏見指月城は、慶長元年（一五九六）閏七月十二日深夜から十三日に近畿地方を襲った大地震によって倒壊してしまったのである。

そこで、秀吉は地盤のゆるい、低地の伏見指月城をやめ、伏見指月城より北東およそ一キロメートルの高台にある木幡山《こはたやま》を新しい城地として、閏七月十五日から築城工事がはじまっている。秀吉にとって幸いだったのは、伏見指月城では地震によって建物は倒壊したが、火災にあっていなかったので、伏見木幡山城に再利用できたことである。翌慶長二年（一五九七）五月四日には完成している。

秀吉は、その後、大坂城と木幡山の伏見城を往ったり来たりしているが、晩年は伏見で生活することが多く、翌慶長三年（一五九八）八月十八日に息を引きとったのも伏見城だった。

信長・秀吉が進めた城割

ここまで信長・秀吉の時代の築城についてみてきたが、この時期は築城だけでなく廃城も多かった。ここでは城の破却、すなわち城割《しろわり》の歴史も追っていこう。この城割の流れは徳川家康の「一国一城令」につながっていく。

城割は信長が兵農分離とともに推進した政策である。城割は破城《はじょう》ともいい、支城破却という意味を持つ。近江の戦国大名六角定頼が大永三年（一五二三）三月に、近江の音羽城を破却させたことが『寺院雑要抄』に書かれており、文献上はこれが城割の第一号となるが、征服地の支城破却という一つの定式を作りあげたのは信長である。

信長による城割の先駆は伊勢の場合で、『信長公記』永禄十二年（一五六九）

十月四日の条に、「田丸の城を初めとして国中城々破却の御奉行、万方へ仰せ付けらる」とある。

そこから十年以上間が空くが、天正八年（一五八〇）に、大和において大規模な城割を行い、大和郡山城のみが残された。多聞院英俊が日記『多聞院日記』に「国中おおむね城を破ると云々。残る所無きか」と書いており、当時の衝撃がうかがえる。

信長の死後は秀吉が天下統一事業を受けつぎ、征服した土地において、信長以上にきびしい城割を行った。天正十一年（一五八三）五月のものと考えられる秀吉の書状（『前田家文書』）がその史料上の初見である。

宛名は前田利家の娘まあ阿になっているが、実質的にはその父利家に宛てたもので、そこに、「大みうちのちきやうあらためさせ、又いしろともわほらせ申候て、ここもとひまをあけ候はは、大さかうけとり候て、人数いれおき、くにくにしろわり候て、これいこむほうなきやうにいたし申候て、五十ねんもくにくにしつまり候やうに申つけ候」とある。

女性宛の仮名文なので、意味の通りにくいところもあり、「これいこむほう」は「是以後無法」なのか「是以後謀叛」なのかわからないが、いずれにせよ、城割をすることで国ぐにが鎮まると考えていたことがわかる。

秀吉は天正十二年（一五八四）に伊賀と伊勢で、同十三年から十四年には伊予で、十五年の九州攻めのあとは九州地方で集中的に城割を行った。同十八年（一五九〇）の小田原攻めと、続く奥州仕置の段階でも大規模な城割を行っている。

ただ、秀吉の城割は、本城以外すべてを破却するというものではなかった。天正十九年六月二十日付の伊達政宗宛秀吉書状（『伊達家治家記録』）に、「立置候城々伊達侍従申し次第に城数余り多く之無き様相究め、普請申し付け、其の外城々破却せしむべき事」とある通り、政宗の意向を聞き、なるべく数をしぼって、残す城については補強も行うという形で城割を進めていたのである。

アイヌのチャシ、琉球のグスクと朝鮮の倭城

さて、ここまで、本州・四国・九州の城をみてきたが、日本の城ということになると、それ以外の地域の城についてもみておかなければならない。まず北海道のチャシである。

チャシというのは、蝦夷地《えぞち》に築かれたもので、アイヌ語で「山の上にあり、割《わり》木《き》の柵をめぐらせたもの」という意味だという。事実、チャシは丘の先端や崖などの自然地形をうまく利用して築かれている。

現在、北海道では五五〇ほどのチャシが確認されているが、北海道全体に満遍なく分布しているのではなく、東蝦夷地といわれる道南・道東の、現在の根室・釧路・十勝・日高地方に集中している。そのため、この地域がアイヌ民族の首長であるシャクシャインの勢力圏と重なることから、シャクシャインの乱（寛文九年＝一六六九）との関連も指摘されている。

また、その位置や形状から、単なる砦ではなく、漁場監視の場や祭祀の場としての用途もあったのではないかといわれている。

次が琉球、すなわち沖縄を中心としたグスクである。グスクは、奄美《あまみ》諸島から沖縄諸島、先島《さきしま》諸島のほか、宮古《みやこ》、八重山《やえやま》群島の島々にわたる広範囲に、現在のところ三〇〇ヵ所ほどのグスクが確認されている（口絵7ページ参照）。

沖縄本島の十二世紀から十五世紀を「按司《あじ》時代」とよんでいる。按司とよばれる在地領主がそれぞれの地域を支配していたからである。沖縄全体を統括するような統一権力はまだ生まれていなかった。やがて、北部を代表する勢力、中部を代表する勢力、それに南部を代表する勢力があらわれる。

北部を代表する勢力が拠ったのが今帰仁城《なきじんぐすく》（沖縄県国頭《くにがみ》郡今帰仁村）で、中国の冊封《さくほう》を受けて王とよばれるようになり、北山《ほくざん》王や山北《さんほく》王とよばれた。中部を代表する勢力が拠ったのが首里城《しゅりぐすく》（那覇市首里）で、中山《ちゅうざん》王とよばれ、南部を代表する勢力が拠ったのが南山城《なんざんぐすく》（糸満市）で、南山王や山南《さんなん》王とよばれた。この北山・中山・南山の三つの「山」ということで、それまでの「按司時代」から「三山時代」といわれるようになったのである。

グスクの特徴は石垣にある。ゆるやかなカーブをもった曲線を描き、門もアーチ状で、中国の影響を受けており、また、グスク内に拝所や御嶽《うたき》とよばれる広大な神域があることも特徴として指摘される。グスクは単なる軍事施設ではなく、「聖なる空間」でもあった。

そしてもう一つが、豊臣秀吉の朝鮮出兵、すなわち、文禄・慶長の役のときに朝鮮半島に築かれた城である。これを「倭城《わじょう》」とよんでいる。現在のところ、韓国の慶尚南道《キョンサンナンド》の沿岸部を中心に約三〇ヵ所が確認されている。その一つ西生浦《ソセンポ》城は、文禄二年（一五九三）に加藤清正が築いたといわれ、みごとな石垣が残っている。蔚山《ウルサン》城の石垣もよく残っており、日本国内で培《つちか》われた築城術の粋が集約された形で、しかも、この「倭城」の技法が、その後、近世初頭のわが国の築城に生かされた点も指摘されている。

用語解説◯望楼型天守《ぼうろうがたてんしゅ》と層塔型天守《そうとうがたてんしゅ》

天守の型は大きく二つに分けられる。望楼型天守と層塔型天守である。望楼型天守は、一階または二階建ての入母屋造《いりもやづくり》（150ページ参照）の建物の屋根上にさらに建物を載せたもので、ちょうど望楼を載せた型なので、この名がある。時代的に早い段階の天守はほとんどこの望楼型であった。

それに対し、層塔型天守は、一階から最上階まで、上段に上がるにつれ小さく、しかも規則正しく積み上げていく形で、屋根には入母屋破風がなく、四方へ均等に葺き下ろされる形で、塔のようにみえることから層塔型とよばれている。

歴史上、最初に層塔型天守を築いたのは藤堂高虎といわれている。慶長九年（一六〇四）築城開始の愛媛県今治城が最初で、以後、層塔型天守が全国に築かれるようになった。

望楼型天守と層塔型天守

望楼型の天守

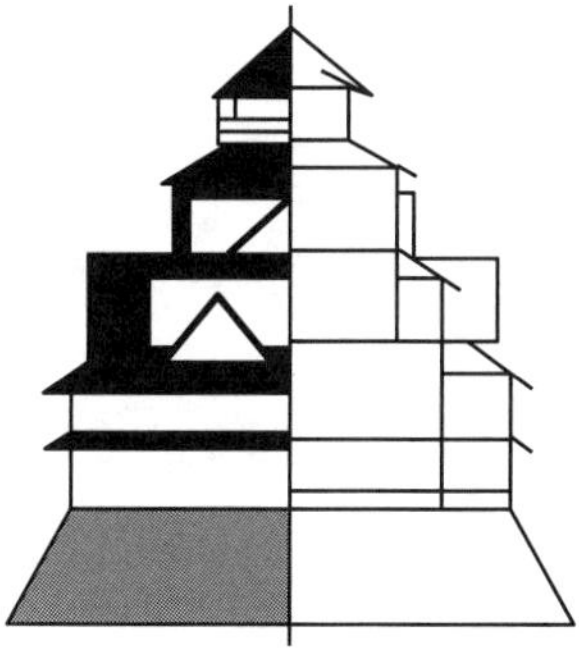

層塔型の天守

出典：加藤理文著・小和田哲男監修『よくわかる日本の城　日本城郭検定公式参考書』（ワン・パブリッシング）

用語解説○入母屋造《いりもやづくり》と切妻造《きりづまづくり》

天守や櫓の屋根は、大きく入母屋造と切妻造に分かれる。入母屋造は、最上部の屋根の形が頂部から二方向に勾配をもち、さらに下の隅棟《すみむね》とよばれる部分が四方向に勾配をもつ寄棟《よせむね》造となっている。格式の高い様式ということもあり、城主の威光を示すにふさわしいということで、天守最上階の屋根によく使われる。その側面、すなわち妻側に入母屋破風《はふ》（152ページ参照）ができるのが特徴である。

切妻造は、ちょうど開いた本を伏せたような屋根構造で、側面（妻側）に切妻破風（152ページ参照）ができる。

入母屋造と切妻造

入母屋造

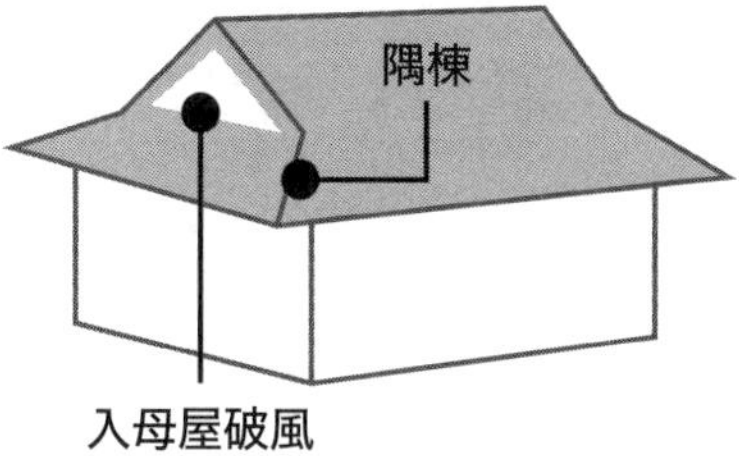

切妻造

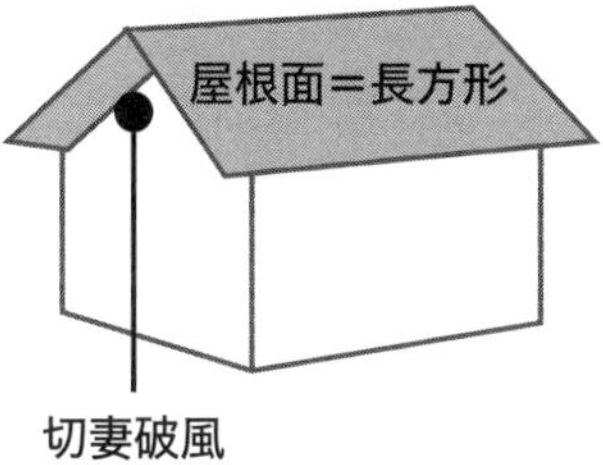

用語解説○破風《はふ》

屋根の端にある小さな屋根の形をした装飾を破風とよんでいる。天守や重要な櫓には必ずあり、たとえば彦根城天守では何と十八ヵ所の華麗な破風が天守を飾っている。

入母屋造の屋根の隅部にあるのが入母屋破風で、切妻屋根の隅部にあるのが切妻破風とよばれている。ほかに千鳥《ちどり》破風とよばれる破風は、採光や装飾のために設けられたもので、屋根の上に載る三角形の出窓の形をしている。天守本体の隅棟、すなわち屋根の四隅から離れ、単独で三角形となっているが、横に二つ並べた比翼《ひよく》千鳥破風もあった。

なお、社寺建築によくみられる唐《から》破風も城に用いられており、軒先に丸みをもたせているのが特徴で、出窓のように独立したものを向《むかい》唐破風、軒先を丸くもち上げたものを軒《のき》唐破風とよんでいる。

破風

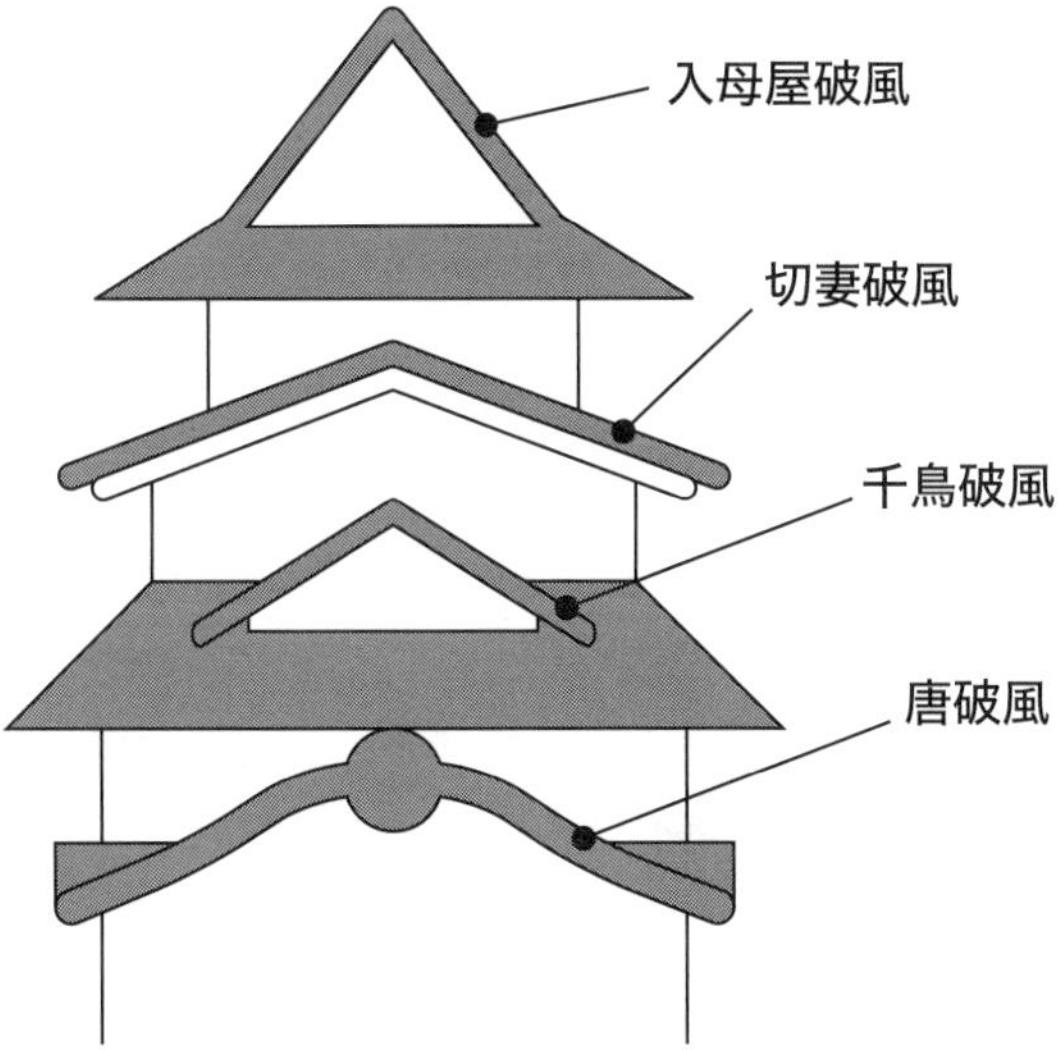

第5章

江戸時代の城

築城ラッシュの慶長期

日本の城の歴史にとって大きな画期となったのが関ヶ原の戦いである。「天下分け目の関ヶ原」などといわれる関ヶ原の戦いが、城の歴史にとって画期とされるのはどうしてなのだろうか。関ヶ原の戦いは周知のように、慶長五年（一六〇〇）九月十五日、美濃の関ヶ原（岐阜県不破郡関ケ原町）で東軍七万四〇〇〇、西軍八万四〇〇〇といわれる、合わせて十五万を超える大軍が衝突した戦いであるが、東西両軍に分かれて戦ったのは関ヶ原だけではなく、全国的規模の戦いだった。

その戦いで東軍徳川家康方が勝利し、西軍石田三成方に与《くみ》した大名で改易《かいえき》された者は八八人、その所領高は四一六万石余におよんだ。また、減封処分にあった大名が五人、その所領高は二一六万石余、合わせて九三人、六三二万石余という厖大な数字になる（藤野保『新訂幕藩体制史の研究』）。

家康はこの新たに獲得した土地を、自分の思うとおりに再配分することができ、東軍に味方した大名への加増転封を行っている。たとえば、毛利・吉川・小早川への内部工作を行った黒田長政の場合、それまでの豊前中津一八万一〇〇〇石から、筑前福岡五二万三〇〇〇石となり、新しく福岡城の築城にかかり、福島正則も、それまでの尾張清洲二〇万石から安芸広島四九万八〇〇〇石への加増転封を受け、それぞれ、新しい領地で新しい城づくりにかかっている。

その際、あとでふれる天下普請のからみもあって、築城術の平準化があったことが指摘されている。大名たちは、天下普請という名の手伝い普請に動員されたことで、最先端の築城のノウハウを身につけ、それを自分の居城に応用できたことと、特に文禄・慶長の役で朝鮮に渡っていた外様大名の場合は、「倭城」の技術がプラスされたこともみておかなければならない。

池田輝政はそれまで三河吉田で一五万二〇〇〇石であったが、一躍播磨姫路五二万石に栄転し、そこで翌慶長六年（一六〇一）から姫路城の築城にかかる。これが現在、国宝、そして世界文化遺産の姫路城である。こうして、慶長期はわが国の城の歴史にとって特異な時代、もっといえば、築城の黄金期ともよびうるような状況だったのである。

このことにかかわっておもしろい史料がある。佐賀の『鍋島勝茂譜考補』という佐賀藩主鍋島家の家譜に、「慶長十四年己酉、天守御成就、今年日本国中ノ天守数二十五立」と記されている。佐賀城の天守が完成した慶長十四年（一六〇九）に、全国で二五の天守が建ったというのである。二五という数字の信憑性については明らかではなく、現存する史料などによるかぎり、二五という数を実証することはできないが、同じころ、各地の天守が完成していることはたしかとみられる。ちなみに、姫路城の天守が完成したのも慶長十四年であった。関ヶ原の戦い後、新しい領地に入った大名が、慶長六年から築城工事にかかり、天守まで完成をみたのがそのころだったと思われる。

天守の話が出たついでなので、ここで天守の形についてみておきたい。分類方法として二つあり、一つは建築上の分類で、大きく望楼型天守と層塔型の天守に分かれる（148ページ参照）。

望楼型というのは、入母屋造《いりもやづくり》の屋根の上に望楼を載せた形で、この方が古い天守に多い。それに対し、層塔型は、最上階だけが入母屋屋根で、階が上がるにしたがって床面や屋根が小さくなっていく形である。この層塔型天守は関ヶ原合戦後に普及している。望楼型として、犬山城・彦根城・松江城（口絵8ページ参照）などがあり、層塔型として、名古屋城・宇和島城・会津若松城などがある。

そしてもう一つの分類法が構成上、つまり平面構成からみた分け方で、基本的には次の五つである。文章だけではつかみにくいと思われるので、図示しながらみておこう。

まず一つ目は独立式である。これは附属の建物がなく、単独で建つ天守で、弘前城・丸岡城・丸亀城・宇和島城など。二つ目は複合式といわれるもので、天守に小天守や付櫓が付随する形で、多くの場合、天守に直接出入りすることはできず、小天守なり付櫓なりを経由するつくりとなっている。松江城・犬山城などがそれである。

三つ目は連結式とよばれるもので、天守と小天守、または隅櫓などが渡櫓や橋・廊下などで連結した構成になっているもので、名古屋城や熊本城はこの形である。四つ目は複合連結式とよばれるもので、天守の一方に付櫓が付属し、もう一方に渡櫓や橋が接続し、小天守とつなぐ形で、複合式と連結式を合わせた構成となっている。高知城はその例である。

そして五つ目が連立式で、天守のほかに三基の小天守や隅櫓などが、渡櫓や橋・廊下などでつながる構成で、中央に空間がつくられる。例として、姫路城・伊予松山城・和歌山城などがある。

天守の構成上の五類型

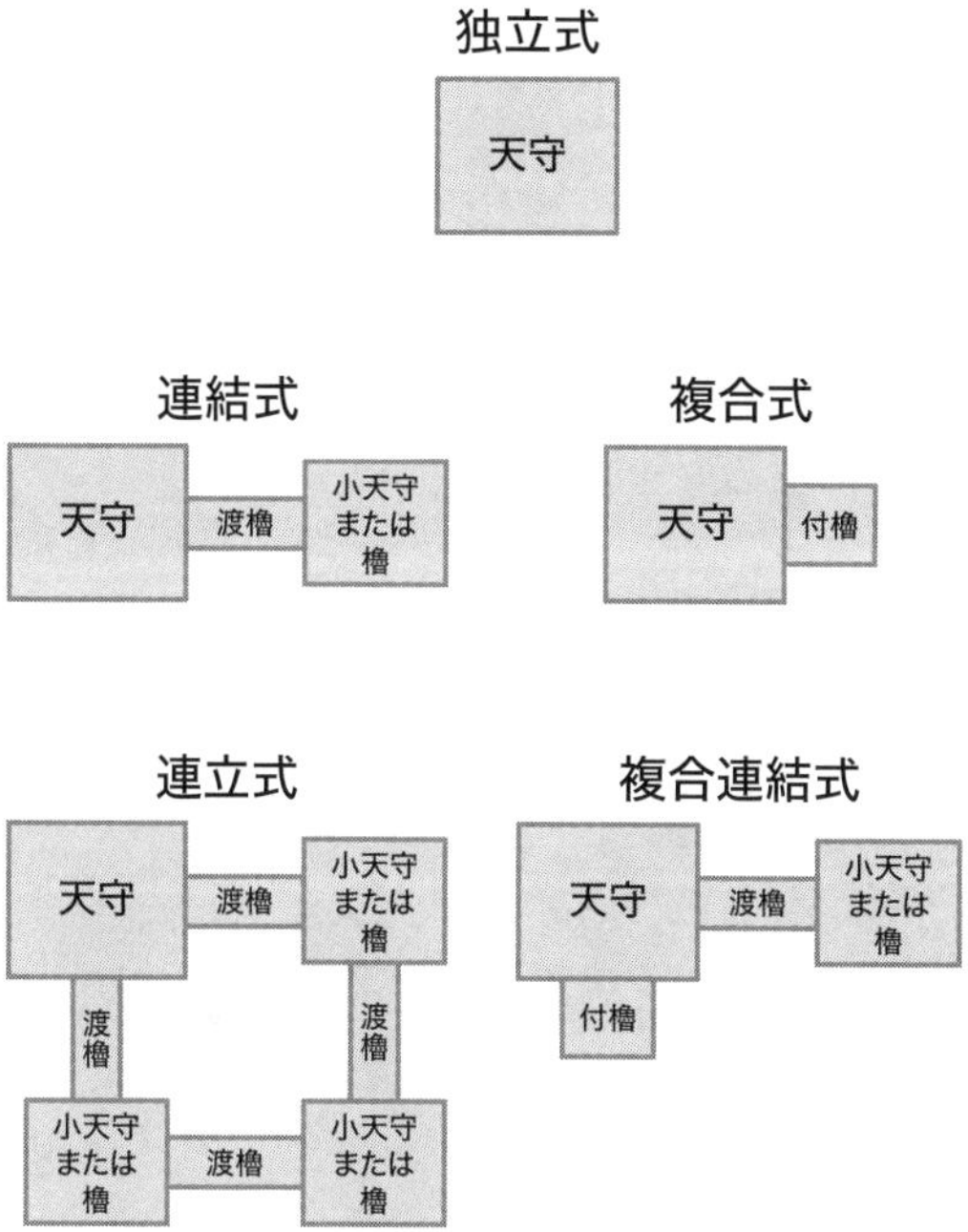
独立式
天守
連結式
天守
渡櫓
小天守
または
櫓
複合式
天守
付櫓
連立式
天守
渡櫓
小天守
または
櫓
渡櫓
渡櫓
小天守
または
櫓
渡櫓
小天守
または
櫓
複合連結式
天守
渡櫓
小天守
または
櫓
付櫓

徳川家康の築城と天下普請

家康といえば何といっても江戸城である。天正十八年（一五九〇）の秀吉による小田原攻め後の論功行賞によって、それまでの駿河・遠江・三河・甲斐・信濃の五ヵ国から関東八ヵ国、戦国大名北条氏の遺領への転封で、駿府城から江戸城へ移ることになった。

江戸城は太田道灌の城だったことで有名で、その後、北条氏の小田原城の支城として江戸城があったが、家康は戦国期の江戸城と同じ場所ではあるが、修築といったレベルではなく、全く新しい構想のもとに築いている。

築城工事が開始されたのは天正十九年（一五九一）四月からで、市ヶ谷・四ツ谷・赤坂に至る外郭の堀と門まで完成したのは寛永十三年（一六三六）のことだった。天正十九年から寛永十三年まで、実に二十数回にわたって拡張・修築工事が進められていたのである。しかも、それは天下普請として続けられていた。

いるのである。

家康は、この江戸城だけでなく、駿府城や名古屋城も天下普請によって築かせて

天下普請は何も家康の創見ではなく、すでにみたように秀吉も築城にあたって諸大名に助役を命じていたが、家康の場合が特に顕著だった。そのねらいはいくつかあげられるが、第一は、関ヶ原合戦後、いまだ去就を決しかねている外様《とざま》大名に対し、最終的な服属の決断をせまることになった。つまり、天下普請に応じて助役を務めるか否かが徳川家に対する忠誠心の踏み絵とされたのである。

さらに、第二として、家康が慶長八年（一六〇三）に征夷大将軍に就任し、江戸幕府が開かれると、諸大名にとって、助役に出ることは相当な経費の負担であったわけで、当然のことながら諸大名に金を使わせ、幕府に対して抵抗する財源を無くさせようということも計算されていた。

第三は、それとちょうど裏腹の関係になるわけであるが、幕府財政負担の軽減となったという点も落とせない。そしてもう一つ忘れてならないのが第四の理由、

大坂方封じ込め政策として、大坂城包囲網との関係である。

家康が征夷大将軍になったといっても、まだ大坂城には秀吉の遺児秀頼がいた。家康が亡くなれば、秀頼が関白となり、豊臣政権が復活する可能性もあった。そこで家康は、天下普請で大坂城包囲網づくりを進めている。具体的には、近江膳《ぜ》所《ぜ》城、丹波篠山《ささやま》城、近江彦根城、丹波亀山城、それに九男義直のために築かせた尾張名古屋城もその一環とみられる。

彦根城の場合は「徳川四天王」の一人井伊直政の子直勝の城であるが、慶長八年（一六〇三）からはじめられ、伊賀・伊勢・美濃・飛騨・尾張・若狭・越前の七ヵ国で十二大名が助役を命ぜられており、慶長十四年（一六〇九）からはじめられた丹波篠山城の場合はさらに多く、西国十五ヵ国で、藤堂高虎・池田輝政・福島正則・加藤嘉明・浅野幸長ら二十余名の大名が助役を命ぜられているのである。

「元和一国一城令」と「武家諸法度」

家康が征夷大将軍に任じられたあとも、大坂方は家康を「天下の家老」とみていた。家康としても、そうした他の大名とは異なる豊臣家をそのまま存続させるわけにはいかないと思うようになっていた。例の「国家安康」の銘文で知られる方広寺の鐘銘事件をきっかけに、秀頼の江戸参勤か、淀殿が人質となって江戸に出るか、あるいは秀頼が国替に応ずるか、三つの中から一つを選ぶように求め、ここに大坂冬の陣となった。戦いは慶長十九年（一六一四）十一月十九日にはじまった。

家康は約二十万の大軍を動員して大坂城を包囲したが、対する大坂方は、真田信繁（通称幸村）が大坂城の惣構の外に真田丸を築くなどして対抗し、家康は結局、力ずくでは落とせず、一度講和を結んで、大坂城の外堀を埋めさせ、翌二十年（元和元年＝一六一五）の夏の陣で豊臣家を滅ぼすことになる。五月七日、天王寺口・岡山口で両軍の最後の戦闘があり、大坂城二の丸・本丸に火がつき、ついに八口、山里曲輪の糒庫《ほしいぐら》に逃げこんでいた淀殿・秀頼の母子が自害し、大坂夏の陣は終わった。

それからおよそ二ヵ月たった元和元年閏六月十三日、幕府は「一国一城令」を出している。元和元年に出されたことから「元和一国一城令」とよばれている。

たとえば、佐賀城の鍋島勝茂に宛てられた老中連署奉書では「一国一城の外破却候様にと仰せ出され候。其の意を得らるべき也」とあり、老中連署状ではもう少しくわしく、「急度《きっと》申し入れ候。仍って貴殿御領分中居城をば残し置かれ、其の外の城は悉く破却あるべきの旨上意に候。右の通り諸国へ申し触れ候間、其の御心得を成さるべく候。恐々謹言」(『鍋島勝茂譜』所収、二通とも読み下しにして引用)とある。

つまり、この二通で、自己の居城を除き、他はすべて破却せよということが伝達された。二通目の連署状の方は、島津氏、毛利氏、黒田氏に宛てられたものと同文なので、少なくともこれら西国の諸大名に「一国一城令」が申し付けられたことがわかる。では、この命令を受けた諸大名はどう対処したのだろうか。

この点で注目されるのが、パジェスの著した『日本切支丹宗門史』の記述である。そこには、「内府様《家康》（中略）は諸侯を狼狽せしめ、勢力を殺がんがために、諸侯が居城一箇所を除き、他の一切の城砦を破壊せよと命じた。かくて四百の城砦が数日のうちに消失した」と記されており、またたく間にその命令が実行されたという印象がある。

ところが、実際には、全国一斉に「一国一城令」が貫徹したとみるのは早計である。史料の残存状況という制約があるとはいえ、実際に元和元年から三年ごろにかけての城割の実施状況を調べてみると、東国ではその動きはなく、中国地方、四国・九州地方に集中していることがわかる。これは、「一国一城令」が主として西国の大名を対象にしたものだったということと、畿内および東国では、すでにたび重なる転封によって「一国一城令」を出すまでもなく、支城破却が進んでいたということが考えられる。

それにしても、「一国一城令」を受けた西国諸大名は大混乱をきたした。それまで諸大名は築城をさかんに行い、国の守りを固めていたところであり、いきなり、「一国に城は一つ」といわれても、どう対応すべきか迷った様子である。一つには、「一国」という国の概念がはっきりとは理解されていなかったことと、また一つは、どの程度まで破却すればよいのかという、程度の点で統一した見解が示されていなかったためである。

この点をみていく上で恰好の材料となるのが毛利一族吉川家の『吉川家譜』である。それによると、岩国城主吉川広家は、「岩国城は周防国でただ一つの城であるので、破却する必要はない」という立場であった。ところが、幕府の考える「一国」は、周防国といった律令制下の国ではなく、毛利藩としての国であった。そこで岩国城は破却されることになったのである。

また、どの程度まで破却すればよいのかという問題も、受ける側でかなりまちまちだったようである。同じく吉川広家の場合、他国の城の破却の具合を調べさせ、「おそらく石垣までは破壊している様子」との情報を得て、ようやく石垣の取り壊しにかかるといったありさまであった。しかも「城ノヲモテノ方ヲ取分ヲロシ可レ然候哉」とあるように、表からみえる位置にある石垣は徹底的に取り払っても、表からみえない、山の中の方に築かれた石垣までは破却していなかったのである。

多くの場合は、堀があればそれを埋め、石垣を壊し、櫓などの建造物も壊している。中には宇土城(熊本県宇土市)のように、堀や石垣はそのままで、櫓を壊しただけという場合もあり、幕府側の破却の基準がどこにあったのかはっきりしなくなってくる。

その最も顕著な例は伊勢松坂城の場合で、取り壊す費用がかかるという理由で石垣・堀はもとより、天守さえも放置されたままだったといわれている。結果として、天守は自然に崩壊したが、「一国一城令」の内容面でのアンバランスが目立つ。

この点は施行時期についてもいえる。前述のパジェス『日本切支丹宗門史』は「四百の城砦が数日のうちに消失した」とあるが、実際はそんなに短期間には進んでいない。どうしても、幕府の命令はすぐに貫徹したと考えがちであるが、こと「一国一城令」に関してはそう簡単ではなかった。実際の施行状況を追いかけると、思いのほか、遅速の差があった。たとえば、佐竹氏の秋田藩に対し、「城之破却仕候へと御意」がもたらされたのは元和元年から五年もたった元和六年（一六二〇）のことであった。また、四国の阿波蜂須賀藩においては、何と、寛永十五年（一六三八）になって支城破却が行われているほどである。要するに、「一国一城令」の初見は元和元年であったが、実際にはその後何年もかかって、特に国替や、改易などを機に、時間をかけて城の破却が行われたというのが実態だったように思われる。

また、「一国一城」、すなわち一藩に城は一つということになっても、その通りに貫徹したと考えるのは早計である。たとえば仙台藩領には「要害」という形でそのまま支城が残されていたし、中には「旅館」という名目で存置されるところもあった。幕府の方で支城破却に躍起になれば、諸藩では何とか幕府の追及の目をのがれ、支城を存置させておこうと必死になっていたのである。

すでに述べたように、元和元年の大坂夏の陣を最後に、国内の戦乱は終息し、そのため「元和偃武《えんぶ》」といわれている。偃武とは「武器をやめること」の意味で、武器を収めて用いないことをいう。いわばそれを法制的に体現したのが「一国一城令」であり、「武家諸法度」であった。

特に「武家諸法度」で、新規の築城や補修・改築工事に幕府の認可を得るよう定めたのは、幕府の対大名統制策としての城郭政策が完成したことを意味した。福島正則が広島城の無断修築を理由として、元和五年(一六一九)六月、四九万八〇〇〇石から信濃川中島四万五〇〇〇石に減封の上、蟄居《ちっきょ》させられたのは有名である。

作事奉行と城大工

家康関係の城の作事奉行として大活躍したのが小堀政一《こぼりまさかず》である。遠江守に任ぜられたので、ふつうには小堀遠州の名で知られている。もっとも、多くの方は、築城家としてよりも茶人としての小堀遠州の方になじみがあるかもしれない。数寄屋造りなど、茶の湯関係の建築で知られ、遠州流茶道の祖であり、各地に庭園を多く残している。

慶長六年（一六〇一）、家康が伏見城を再築するとき作事奉行を務め、以後、駿府城、名古屋城、二条城などほとんどの城の作事奉行を務めている。そして、作事奉行小堀遠州とコンビを組んだのが城大工の中井正清である。中井正清も受領名大和守だったので、中井大和として知られている。中井大和にふれる前に、城大工の説明をしておこう。

中世において、専業の大工を必要とするような建物は寺か神社である。したがって大きな社寺になると「社寺被官大工」といったような大工集団を抱えており、彼らは寺大工や宮大工などとよばれていた。また、戦国大名の中には、たとえば北条氏のように、社寺被官大工を召し寄せ、これに扶持を与え、鍛冶・大鋸《おが》引《びき》などとともに抱えるというケースもあり、築城を専業とする城大工が出はじめる。熱田神宮の宮大工で、のち、信長に取り立てられて安土城の建築にたずさわった岡部又右衛門のような例もある。そうした、寺大工、宮大工から城大工に転身した一人が中井正清だった。

中井正清の父正吉は、奈良法隆寺大工中村伊太夫に養育されたといわれており、中井家は奈良大工の系譜を引いていたと考えられる。正清が家康の命を受けてはじめて従事したのは、信憑性の高い史料でみるかぎり、家康の二条城の造営である。以後、すでにみた作事奉行小堀遠州とのコンビで、元和五年（一六一九）に亡くなるまで、伏見城・江戸城・駿府城・名古屋城の天守の造営にたずさわったことが知られている。

なお、もう一つ城大工として知られる家があった。幕府の大工棟梁甲良《こうら》氏である。甲良氏の祖とされる宗広は、近江国犬上郡法養寺村の出身で、元来は社寺建築にたずさわり、建仁寺流という技法の伝統を受けついでいたといわれている。宗広の子宗次が慶長十一年（一六〇六）の江戸城改築、さらに翌年の天守の設計に加わり、その子孫は江戸城の建物の造営に従事していた。

防衛を意識した城下町

城のまわりに城下町ができる。これは戦国時代の城と同じである。しかし、江戸時代の城下町は戦国時代の城下町といくつかの点でちがっている。その点を次にみておきたい。

城下町プラン、すなわち城下町の都市計画はふつう「町割」といわれている。要するに、武家町をどこに置くか、商人町をどこにするかを割りつけていくことになる。その場合、戦国城下町は、武士と町人が混住するという形が一般的だったが、江戸時代になると、いわゆる「士庶別居住区分」の原則が貫徹することになる。

現在のところ、その比較的早い例とされているのが、天正十六年（一五八八）に蒲生氏郷によって「町割」がされた伊勢の松坂（三重県松阪市）の場合である。『松坂権輿《けんよ》雑集』という史料に、「殿町の内見せ棚を出商売之儀令二停止一事」とあり、武家屋敷地から町屋をしめ出そうとする方向性があったことがうかがわれる。

城下町の構成要素は大きく分類すれば、城・武家屋敷・社寺・町屋の四つである。その内武家屋敷はさらに家老などの重臣クラスと、中級家臣と足軽などの軽輩層の三つに分かれ、町屋も商人町・職人町の二つに分けて考えることができる。したがって細かい分類でいえば、①城　②重臣屋敷　③一般武家屋敷　④足軽屋敷　⑤寺社　⑥商人町　⑦職人町の七つということになる。

近世城下町では、これら七つの綿密な都市計画、すなわち「町割」によって巧妙に配置されていたのである。その場合、いまみたように、武士と町人の居住が明確に分けられていた。たとえば、仙台城下のように、武家町が「丁」、町人町が「町」の字を用いていたという例もみうけられる。したがって、城下町の「町割」を調べることで、江戸幕府の身分制支配の具体像を明らかにすることができるのである。

なお、寺社は城下の守りとして重要だった。城下町図をみたり、あるいは旧態を残している旧城下町を実際に歩いたりすると、寺社が要地に建てられていたり、城の弱点と思われるところに、十や二十もまとまって建てられているような事例を目にする。街道筋の場合もあれば、城に近接した場合もあり、場所によっては城の出丸のような位置づけのところもある。寺社の建物が堅牢なので、やはり、寺社の配置も、城下町の防衛ということを前提にしていたことがわかる。

この点は街路についてもいえる。たとえば、直角に交差する十字路は少なく、また、道幅が狭い。丁字路やカギ型路が多いが、これは、市街戦を想定してのことであった。敵がまっすぐ城に突進することを阻止するねらいで、「遠見遮断《えんけんしゃだん》」というういい方をする。城下町によっては、道そのものをカーブさせ弓状にしたり、家を一軒ずつずらして建てさせたりしているので、そうした目で城下町を歩くとおもしろい。

幕末の海防強化の城

「一国一城令」後、江戸時代を通して、城はほとんど新築されることはなく、落雷等で焼失した建物の再建や修築などが行われる程度であったが、幕末になり、外国からの脅威に備え、海防強化のための築城がみられるようになる。その一つが松前《まつまえ》城（北海道松前郡松前町）である。

松前城は、外国船の出没に備え、幕府が嘉永三年（一八五〇）、松前藩に命じて築城させたもので、縄張を担当したのは高崎藩の軍学者市川一学で、江戸時代の軍学に基づいた最後の和式城郭（日本式城郭とも）といわれている。七基の砲台と二五門の大砲がいずれも海に向いており、いかにも海防の城といった印象を受ける。

松前城は和式城郭であるが、北海道には幕末、西洋式城郭も築かれている。五稜郭（函館市）である。五稜郭は、幕府が箱館奉行所の防備を固める目的で、安政四年（一八五七）に築造をはじめ、元治元年（一八六四）に完成させたもので、西洋軍学や築城術に優れた蘭学者武田斐三郎《あやさぶろう》が設計した星型の稜堡形式である。正式名称は亀田御役所土塁という。

嘉永六年（一八五三）のペリー来航を契機に、欧米列強の船舶が頻繁にわが国の近海にあらわれ、伊豆韮山代官江川英龍の建議により、江戸湾防備のための台場が建設されることになった。これが品川台場で、一二基が計画されたが完成は六基のみであった。それぞれの台場には砲台、玉置所、玉薬置所、兵舎などの施設が設けられていた。ただし、実際に外国船を迎撃する機会はなかった。

また、諸藩においても海防のための台場が築かれ、その数は全国で八〇〇ヵ所に及んだという。ただ、そのほとんどはその後壊されたり、埋め立てられたりしたため消滅し、小浜藩の松ヶ瀬台場（福井県大飯郡おおい町）、鳥取藩の由良《ゆら》台場（鳥取県東伯郡北栄町）などが国指定史跡として残っているにすぎない。

第6章

近代　城の終焉

廃城令と城の保存に奔走した人びと

明治維新後、新政府がまず着手しなければならなかったことは、政体、すなわち政府のしくみをどのようなものにしていくかだった。幕府はつぶれても、幕藩体制のにない手だった藩はそのまま残っており、それをどうするかが課題となったのである。その手はじめとして取り組まれたのが版籍奉還だった。明治二年（一八六九）正月、薩長土肥、すなわち薩摩・長州・土佐・肥前の四藩主連署による版籍奉還の上表文が提出され、六月、ほかの藩主たちもそれにならい、天皇はその願いを聞き届けるという形で実現をみた。こうして、旧藩主は知藩事となったのである。

そして、明治四年（一八七一）七月、政府は薩長土三藩の兵から成る親兵一万を東京に集中させ、詔勅によって廃藩置県の実施に踏み切っている。親兵一万を集めたのは、威嚇の意味もあっただろうが、廃藩置県に異議を唱える知藩事が出た場合には、実際に武力を行使してでも従わせようという強い決意だったと思われる。しかし、反対する知藩事は一人もいなかった。

こうして幕藩体制のしくみは無くなったが、江戸時代の遺物ともいうべき城はそのまま残っており、新政府の役人たちにしてみれば、城は封建制の象徴とみえていたのであろう。ついに、明治六年（一八七三）、廃城令に踏み切っている。もっとも、ふつうの年表には、この年、徴兵令が出たことはみえるが、廃城令は書かれていない。廃城令というのは俗称である。

この年、太政官《だじょうかん》から陸軍省に「全国ノ城廓陣屋等存廃ヲ定メ存置ノ地所建物木石等陸軍省ニ管轄セシム」という通達と、大蔵省にも「全国ノ城廓陣屋等存廃ヲ定メ廃止ノ地所建物木石等大蔵省ニ処分セシム」という通達が出された。この二つを総称して「全国城廓存廃ノ処分並《ならびに》兵営地等撰定方」とよんでいるが、長いので、わかりやすく廃城令と略称しているのである。

これによって、陸軍が軍用地として使用する城や陣屋は残すが、それ以外は地方団体や民間に払い下げられることになった。廃棄が決まったのは、城が一四四、要害一九、陣屋一二六で、存置は城が三九、要害一にすぎなかった。

しかし、存置と決まっても、当時は城の修理にまで予算をつけることができる状況ではなく、修理の見込みのない城は壊した方がよいという声が強く、姫路城も一度払い下げられている。こうして、城や陣屋は次つぎに壊されていくことになった。天守や櫓が壊され、薪になってしまったのである。

ところが、その時期、城を残そうとする動きもみられた。その一人が陸軍省第四局長代理だった中村重遠《しげとお》大佐である。中村大佐は、「名古屋城と姫路城の二つは名城なので残すべきである」と陸軍卿の山県有朋に建白書を提出し、結局、陸軍省の費用で修理を施し、破壊をまぬがれている。

彦根城天守の場合は、大隈重信が明治天皇に直訴し、保存が決まり、松本城は市川量造という一民権活動家が保存に奔走し、天守で博覧会を開くなどして資金を集め、保存に至ったというケースもあった。こうした先人たちの努力があったから、破壊をまぬがれることができた点は忘れてはならない。

太平洋戦争によって焼失した城

しかし、こうしてかろうじて残った城も、もう一度、大きな受難に遭遇する。太平洋戦争末期、昭和二十年（一九四五）のアメリカ軍による空襲である。

この空襲によって、江戸時代の現存天守のうち、水戸城・名古屋城・大垣城・和歌山城・岡山城・福山城が焼失し、広島城は焼失こそしなかったものの原爆の爆風で粉々に破壊されてしまった。

天守以外にも、江戸時代以来残っていた櫓や城門など焼失した城は枚挙にいとまがない。和歌山城の場合、旧国宝十一棟がすべて焼失している。沖縄戦の舞台となった首里城も、正殿・守礼門・歓会門・瑞泉門・白銀門といういずれも旧国宝が焼失してしまった。

戦後、復興のシンボルとして、これら太平洋戦争の空襲によって焼失した城、特に天守復元の動きが急速に進み、昭和三十年代には「昭和の築城ブーム」などといわれる状況も生まれている。その時点では技術的な面、資金面などの制約もあり鉄筋コンクリートでの復元であったが、近年、木造建築による復元もみられるようになってきた。城も新しい時代を迎えている。

実は、昭和三十年代の「昭和の築城ブーム」の前、戦前のことになるが、昭和八年（一九三三）に岐阜県の郡上八幡城天守が木造で「復元」されたことがあり、その二年後の昭和十年（一九三五）にも三重県の伊賀上野城の天守が木造で「復元」されたことがあった。しかし、この二つの木造での「復元」は、史実に忠実な復元ではなく、天守に似せた建物の建造、すなわち模擬天守とよばれるものであった。

「昭和の築城ブーム」で復元された天守は、史実に忠実であっても鉄筋コンクリートによる復元だったのである。それは、鉄筋コンクリートの方がコストが安く、また、木造の高層建築が消防法や建築基準法によって規制されていたからでもあった。

そうした中、「木造で復元したい」という声があがってきた。本物志向が強まる中、平成三年（一九九一）に福島県の白河小峰城の御三階櫓が木造で復元された。これを嚆矢《こうし》とし、「平成の築城ブーム」は木造復元が主流となったのである。

木造復元天守の第一号は静岡県の掛川城天守だった。平成六年（一九九四）に落成した天守は三重（内部四階）の初期望楼型で、この白河小峰城・掛川城における木造復元がきっかけとなり、以後、櫓や城門なども木造で復元されるようになり、平成十六年（二〇〇四）には愛媛県の大洲城の天守が復元されている。名古屋城の本丸御殿の木造復元も記憶に新しいところである。

しかし、よろこんでばかりいられないできごともある。平成二十八年（二〇一六）四月の熊本地震では、重要文化財十三棟を含む建物・石垣が被災した。また、令和元年（二〇一九）十月の首里城の火災では、平成四年（一九九二）に再建された正殿などの復元建造物が焼失してしまった。

そうした残念なできごとがあった一方で、近世城郭だけでなく、中世城郭、特に戦国期の城の発掘調査と、その成果に基づいた整備が急速に進んでいることも見のがせない。

中世城郭における建物復元の早い例が茨城県の逆井《さかさい》城である。発掘調査の成果によって、櫓・井楼《せいろう》櫓・主殿・櫓門・塀などが復元された。その後、愛知県の東条城・足助城・田峯《だみね》城などで、城門や櫓などの復元が進み、長野県の荒砥《あらと》城、静岡県の高根城でも、発掘調査の成果に基づき、城門や櫓、柵列などの復元が行われている。荒砥城は平成十九年（二〇〇七）のＮＨＫ大河ドラマ「風林火山」の、高根城は平成二十九年（二〇一七）の「おんな城主 直虎」のロケ地として使われている。

おわりに

古代から近代まで、日本の城の歴史を追いかけてきた。城とひと口にいっても、幅が広く、奥が深いことに気づいてもらえたのではないかと考えている。城のおもしろさ、魅力を受けとめていただければ幸いである。

本文の中でも、城歩きのコツ、城の見どころについてはふれてきたが、最後に私の実践している方法を紹介しておきたい。

これは、戦国・織豊期・近世の城に共通することであるが、**城に登るときは、攻める側の気持ちになって細かいところを観察し、下るときは守る側の気持ちになってみると、堀一つとってみてもちがって見えてくる**ことがある。

また、**常に「なぜ」と疑問をもって歩いたり、城の歴史を追いかけることも必要だ**と思っている。

城は地形に制約されているとはいえ、二つとして同じ城はない。築城者の知恵と工夫の足跡を読みとることも醍醐味といってよい。しかも、まだ知られていない城があるのである。

現在のところ、文化庁の指導で、各県ごとに城跡の悉皆《しっかい》調査が行われ、多い県では一〇〇〇を超す城跡が報告されている。少ないところでも五〇〇はあるので、全国だと四万から五万の城があったことになり、しかも、まだ誰も知らなかった城が発見されたりしているのである。これも城の魅力の一つではないかと考えている。

主な参考文献

小和田哲男著『城と城下町』（教育社歴史新書）１９７９年
小和田哲男監修『日本の城ハンドブック新版』（三省堂）１９９３年
小和田哲男著『小和田哲男著作集　第六巻　中世城郭史の研究』（清文堂出版）２００２年
小和田哲男著『戦国の城』（学研新書）２００７年
小和田泰経著『天空の城を行く』（平凡社新書）２０１５年
加藤理文・中井均著『戦国の山城を極める』（学研プラス）２０１９年
加藤理文著・小和田哲男監修『よくわかる日本の城　日本城郭検定公式参考書』（ワン・パブリッシング）２０２０年

●著者プロフィール
小和田哲男（おわだ・てつお）
1944年静岡市生まれ。1972年早稲田大学大学院文学研究科博士課程修了。文学博士。現在、静岡大学名誉教授。公益財団法人日本城郭協会理事長。戦国史研究の第一人者として知られ、NHKなどの歴史番組の解説やNHK大河ドラマの時代考証も務める。『中世城郭史の研究』など著書多数。

マイナビ新書

人生を豊かにしたい人のための日本の城

2021年5月31日　初版第1刷発行

著　者　小和田哲男
発行者　滝口直樹
発行所　株式会社マイナビ出版
〒101-0003　東京都千代田区一ツ橋2-6-3　一ツ橋ビル2F
TEL 0480-38-6872（注文専用ダイヤル）
TEL 03-3556-2731（販売部）
TEL 03-3556-2735（編集部）
E-Mail pc-books@mynavi.jp（質問用）
URL https://book.mynavi.jp/

装幀　小口翔平＋三沢稜＋後藤司（tobufune）
DTP　富宗治
印刷・製本　中央精版印刷株式会社

　ISBN978-4-8399-7569-2

Printed in Japan